后浪电影学院

陈德森 口述
林敏怡 笔录

把悲伤留给电影

上海三联书店

把非虚构给电影

ROLL	SCENE	SHOT	TAKE
1	1	1	1

DIRECTOR: 陈德森
CAMERA: 雷亚
DATE: 2022

把悲伤留给电影

导演陈德森

目录

序一	用心筹款无私助人陈德森　林东	8
序二	陈德森导演是平凡人，为什么平凡人一个要写自传？　林国辉	10
序三	点点用心，筹款助人的陈德森　聂扬声	12
序四	我的第一个助理：陈德森　成龙	14
自序	观音送子　一个木瓜一颗子	17
01	超级顽皮仔　零用钱	22
02	电影公余场　逃避现实的乐园	26
03	遇上李小龙　巨人的气场	28
04	十二金钗　母亲的闺蜜们	31
05	母亲　我的人生导师	34
06	我的父亲　一个遗憾	38
07	邵氏片场　终尝演员梦	42
08	台北（1）　旅游变长居	46
09	台北（2）　华侨子弟	49
10	台北（3）　三个人生的第一次	53
11	第一份工作　与海豚为伍	56
12	保龄球场　人生转折点	59
13	十大奇案《学童》	61
14	最快乐的日子（1）　丽的电视台	63

15	最快乐的日子（2） 每个月的"月经会"	66
16	我要成名 勇闯电影圈	68
17	成龙大哥（1） 香港第一个私人助理	70
18	成龙大哥（2） 事与愿违	73
19	副导演的日子 拼命三郎	76
20	《边缘人》 踏脚石	79
21	回归电视台 故事人	82
22	《卫斯理传奇》 生死关头	84
23	末代最后一个副导演 侮辱变鼓励	89
24	强大的求知欲 儿童片到情色电影	92
25	徐克（1） 电影狂人	94
26	徐克（2） 放饭	98
27	《我老婆唔系人》 处女作	102
28	《神算》 遇上喜剧泰斗	105
29	《情人知己》 严重挫败	108
30	《晚9朝5》（1） 重拾信心	111
31	《晚9朝5》（2） 影评——道德败坏	115
32	《青年干探》 再用新人，但失败	117
33	《黑侠》 十波九折的科幻动作片	119
34	《神偷谍影》 人生谷底	121

5

35	《紫雨风暴》 首度提名	125
36	大哥再出现 坚持的成果	132
37	《特务迷城》 严重意外又来了	137
38	Applause Pictures 亚洲电影	141
39	金川映画 自起炉灶	143
40	《无间道2》 火人	146
41	沙士03 《1:99 电影行动》	149
42	《十月围城》 三波九折	152
43	抑郁症 上天的考验	157
44	温哥华之旅 心与灵的讲座	163
45	励敬惩教所 学童电影班	167
46	《童梦奇缘》 父子情意结	173
47	榕光社长者服务中心 独居长者	178
48	十月再围城（1） 台前幕后	182
49	十月再围城（2） 抑郁症再现	190
50	《铁血一千勇士》 哈萨克斯坦之旅	196
51	《一个人的武林》 宇宙小强	199
52	北京盛基艺术学校 众人的爸爸	202
53	2016北京电影节 天坛奖	205
54	小艾 缘	207

55	婚姻　人生历练	211
56	《征途》　首次接触游戏改编的电影	213
57	陈木胜　英年早逝	217
58	书名	222

| 后记　展望未来 | 226 |
| 参与过的电影 | 228 |

* 本书正文中，标记"◎"的括注内容为中文简体版编辑所加。

序一

用心筹款无私助人陈德森

因缘和合，我认识陈德森导演超过了十年，他令我敬佩的是，不嫌我们会小，多次落手落脚（◎亲力亲为）参与策划东井圆的筹款活动。第一次陈导演协助东井圆是2010年，他和我为筹募东井圆慈善经费和兴建观音殿，发起于当年4月25日举行的"十方善缘·共种福田"慈善素宴，在尖沙咀百乐门酒家筵开80席；当晚不少香港影艺界娱乐圈的朋友一起参与，可谓星光熠熠。知名书画家林文杰教授亦捐出墨宝即场作义卖，竞投气氛热烈。而因青海玉树几天前发生了大地震，当晚额外增加为灾民筹款，即场筹得70余万港元；随后热心会员再增捐款，并安排于翌日在电视直播的演艺界情系玉树筹款活动中捐出百万港元，为玉树灾民送上一点温暖。是次东井圆慈善筹款活动完满，陈导演功不可没。

2016年，陈导演再助东井圆于温哥华筹建济公庙；当年他陪同我与港澳、内地东井圆善信于3月26日专程赴温哥华，在幸运海鲜酒家举行温哥华济公庙筹款晚会，当晚还邀得加拿大国会议员黄陈小萍女士、卑诗省议员屈洁冰女士和列治文市长马宝定先生莅临支持。陈导演热心慈善公益，多年来用心为多个团体筹办筹款活动；2017年他联同多位艺人及十位善心筹委于6月2日举行大型慈善晚宴，为兴建一所高标准安老院筹款。

2018年，陈德森知悉东井圆林东慈善基金获善长捐地建文化公益大楼，爽快地表示一起推动筹款晚宴。陈导演同曾志伟等一起参与筹委会工作，于2018年9月22日假九龙湾国际展贸中心三字楼展览厅举办"共建东井圆文化公益大楼慈善晚会"，凝聚各方善长仁翁，共同为推广中华传统文化和香港公益事业而努力。当晚筵开80多席，千人共结善缘，透过席券、义卖、拍卖、慈善抽奖等方式筹得800多万港元，为筹建东井圆文化公益大楼奠下基础。

在此，再次感谢陈德森导演无私助人，愿他福有攸归！

东井圆林东慈善基金
创办人 林东
2021年1月1日

序二

陈德森导演是平凡人，
为什么平凡人一个要写自传？

因为他过着不平凡的人生。他的故事很不一样，亦因他见多识广，曾经历香港最好的，也是最糜烂的。

我们大部分活着的人（包括我自己在内）只为生存而活着，或许不同程度地加点吃喝玩乐和性。但陈导演的每一天都见证不同的众生在人世间活动；他看到的喜怒哀愁都是放大的，因他圈子里的众生有着不平凡的生态。

读者或许可以从书中窥探他们的点滴。

我记得王尔德曾说："To live is the rarest thing in the world. Most people exist, that is all."（能够真正活着是极稀有的，大部分人只是生存而已。）

陈导演是真正活着的人。

我认识陈导演时，他还是导演。他不但本身充满故事，更是一位爱说动听故事的人。

他工作很用心，对事情很执着，更因此而得了抑郁症。当他能够克服重症之后，他四处帮助其他人面对它，拥抱它，并与之共存。

现时，他已经不只是一位导演，他更是一位慈善家。

扶老携幼，支持善终，兴建老人院，疫情严重时去小区派抗疫物资，出钱和出力已经是他平常生活的一部分。他更加不求名和不怕开罪他人，他行的是真正菩萨道，希望他的善行能继续走下去，令更多有需要的人得到帮助。

我很高兴能够认识陈德森导演，因为南怀瑾老师有一句名言："愿天常生好人，愿人常做好事"。我不能够保证陈导演是一位好人，但他不做坏事，反而常常做好事。

而作为读者的你有缘拿到这本书，也许能够对你有所启发和得着（◎得益）。跟陈导演去活出好人好事！

林国辉大律师
辽宁省政协委员

序三

点点用心，
筹款助人的陈德森

一般人认识陈德森导演，都会率先数算到他的得意之作《童梦奇缘》《十月围城》，等等。他曾经拍过好多名演员，例如刘德华、甄子丹，亦曾取得香港电影金像奖最佳导演殊荣，演艺途上星光熠熠。私底下的他为人极低调，劝善由心，从不为赚人褒奖，公众甚至会好奇，陈导究竟长相如何？这位公私两忙、行善神龙见首不见尾的奇侠，打从2005年开始帮助榕光社筹款，直到现在累计筹善款超过千万港元。而且在电影事业之外，仍能拨出宝贵时间和精力，每年筹办许多活动给独居长者，他的足迹不止涉及华丽红地毯，更屡偕同其他著名影视艺人如黄百鸣先生、吕良伟先生、谢雪心小姐等亲自到长者宴现场献技，令老友记欢欢喜喜；另一方面运用他在行业内外的人际网络，广拓善缘，从多途径中找到更多善长支持无依长者，是一个有爱心的大善人，他永远把光彩赠予别人，自己却谦退于幕后，选择做一名隐侠。

所以当知悉陈德森导演要出一本自传，我便义不容辞为他写序，正如每次别人有慈善项目有求于他，无论交情深浅，他总是很爽快答应了，确是位非常友善、没架子的导演。天道无亲，常与善人，当年母亲的去世，在电影引发的情绪病之外，再次给他带来沉重打击。心中深深的内疚感，促使陈导开始关注身边需要帮助的独居老人，机缘巧合下，他接触到我们的慈善团体榕光社，并开始身体力行，年年为中心募捐，侍陌生独老、双老如侍至亲，我深相信助人也是一种自愈。天道酬勤，榕光社得到陈导及众多善长的支持，三年前在运动场道购置物业开办安老院，并于2021年开始装修，预计2022年5月可以投入营运。

谢谢陈导在活动筹办上的无间断指导和支持，让看似不可能的巨额筹款戏码，在舞台上一再感动上演。新安老院投入服务后，仍需要各位善长的继续支持，让基层独居长者老有所依，榕光社甲级安老院舍不畏监察，只怕没有你的关注。感恩有我们的永远荣誉会长陈德森！

香港义工团体榕光社主席
长者安居协会（平安钟）前主席
聂扬声

序四

我的第一个助理：陈德森

当年刚刚签了嘉禾，经纪人陈自强想帮我找个助理。那个年代是没有助理的，只有李小龙有过经纪人，没人有助理。陈自强帮我找来的助理是谁呢？陈德森。

他跟我工作的第一部戏是《师弟出马》。那时候我刚刚尝到走红的滋味，还不太懂事，每天收工都带他去喝酒，我买一件衣服，就有一件买给他。那时候我才22岁，他也就18岁吧。我们俩都不算是大人，就两个小孩在一起。拍戏住在希尔顿酒店，我睡觉，他也跟我睡一间，反正大家喝醉了就睡。第二天，我不醒，他也不醒。就像一个老太爷，一个小太爷。

那时候陈德森觉得自己是"一人之下，万人之上"。十几岁的小鬼头，很多人巴结他，把剧本递给他，然后追着他问我的意见，对他毕恭毕敬。那时候其实他也没什么正经工作，帮我看看车子，看看房子，我有朋友来香港，他帮我招呼招呼，送送飞机，有国外的影迷来找我，他稍微会些英文，就帮我陪陪影迷。

那时候我很喜欢赛车。有一天晚上，我开车带着他去山上，一边开车，就看他神情有点紧张，说有事想要跟我商量。我说，你讲。他说，我不想做了。我当时有点惊讶，就把车一下子停到一个避弯处，看着他，问，我对你不好吗？他说，没有不好。我说，没有不好为什么不做？他说我没机会进片场，但我想进片场学习。我说，学习什么？他说，我想做导演。

后来据陈德森形容，我当时那个表情，白眼都要翻上天了。他当时年纪小，一下子自尊心受不了，感觉都快哭了。我那时抽着一根烟，很潇洒地把烟弹掉，问他，你想怎么做导演？他说，我从基层做起。我说，什么是基层？他说，我做场记。我说，好啊。

一个礼拜之后，我就推荐他去一部电影做场记。之后我就换了别的助理。第二个助理叫Angie Chan，女孩子，美国回来的，现在也是导演了。

陈德森说我后来20年看到他都不理他，他觉得是彻底得罪我了。我回想一下，其实刚开始确实很生气，觉得我对你那么好，你居然要走，但是后来慢慢也就没事了，没有他想的那么严重。

直到有一天，我给他打了一个电话，把他吓坏了。"在干吗？""我在吃饭。""要不要来跟我吃日本菜？"他就有点纳闷，不知道是什么意思。"我听说你有个剧本很不错，叫《特务迷城》，嘉禾要投资。你过来跟我聊聊吧，我想拍。"他有点语无伦次，说那大哥你是嘉禾股东，你想拍就拍啊。我说你先过来吧，过来再讲。

他出门之前先在家里灌了半瓶酒，喝得有点摇摇晃晃地就来了，可能是为了壮胆吧。

一见他我就问，你喝酒了？他说，对。我说，来，再喝。"就是这部戏，我做演员，你做导演。"他听了之后惊呆了。接着大家就越喝越 high，他还一直跟我确认：你有没有搞清楚？不要酒醒了之后又忘了。是你叫我做导演的哦。

后来我跟他说："其实这 20 年，我都有在看你。你他妈真的是做到了一个好导演。我看过你的上部戏，真的不错。你去嘉禾讲了两次《特务迷城》的剧本，我也在关注。大哥错怪你了，你这些年真是努力了。这一次我不是大哥，我是你这部戏的演员，你是我的导演。我们好好地把这部戏拍出来。"

看我这样说，他就有点得意的样子，我又马上补一句："我这一辈子，没有人跟我说辞职的，你是第一个，也是最后一个！"

成龙博士
全国政协委员

自序

观音送子
一个木瓜一颗子

动荡的五十年代，我的母亲拿着数百块钱从上海只身来港，她心想赚够了钱便回家（上海）。但因为学识不多的关系，年轻的她只能找到一些低下阶层的工作，她是那段时间认识我父亲的。

我父母第一次所谓的约会是半年后，后来二人便走在一起。

我的父亲从事棉纱生意，他告诉我母亲每到周末便得飞去缅甸或柬埔寨接洽生意，最后却被母亲识破，原来每个周末他都是回自己的家，他是有妻儿早已结了婚！

我母亲伤心欲绝加上心灰意冷便决定离开，但又没面子回到上海面对自己的家人（上海人是非常要面子的），便考虑到台北找我外婆和舅舅，或是到泰国投靠一个发小（即从小一起长大的玩伴）女闺蜜，一切重新开始。

我后来长大后问我母亲：为什么没有离开而生了我？

她是这样回答我：

"我是一个佛教徒，在我想离开前一个月相约数个姐妹一同去大屿山的宝莲禅寺①拜拜，当时庙里的一位出家人送了我一个木

上：（左）苏民峰老师
下：香港大屿山的宝莲禅寺

瓜,我们把木瓜切开后竟然发现瓜里只有一颗子,大家好奇之际,出家人问我有没有特别供奉哪一位神灵。母亲指着宝莲寺内的一尊观音娘娘佛像,出家人便说这可能是观音送子,更叮嘱母亲如果真的怀上了孕,千万要留着不能拿掉!"

后来母亲去医院检查发现自己真的怀孕了,也是这个原因,她打消离开香港的念头并把我生下来。

我妈告诉我一定要好好做人,别辜负了她及佛菩萨!

许多年后,我跟一位好友,著名相学家苏民峰饭聚时提及观音送子一事,他打趣地说:"哈哈,这可能是你母亲想你成才而编出来的故事!"

回到家里,我把相学家的话反复思量,发现每当我的人生甚或工作遇上气馁想放弃时,也会不期然地想起母亲当年并没有放弃过我,那我为什么要放弃自己?

今天,不管观音送子孰真孰假,其实我也觉得无悔此生!

---

① 宝莲禅寺为香港一座佛教寺庙,亦为旅游景点之一,位于新界大屿山昂坪,介乎弥勒山与凤凰山之间。寺庙前身为大茅蓬,由江苏镇江金山寺的顿修、大悦和悦明三位禅师建于1906年(即清光绪三十二年)。直到1924年,第一代住持纪修和尚正式将其命名为宝莲禅寺。

前半生的人生如戏

后半生拍戏如人生

01　超级顽皮仔 零用钱

小时候的我已经十分反叛，原因是我的童年并不快乐！

我和母亲跟着一个有妻室的男人，这已经注定我不能在正常环境里成长；然后，爸爸在我十岁左右又再认识了一个泰国女华侨，后来他们甚至有了小孩，我爸还把她们母女接过来居住……

自此之后，我的家变得更没有宁日。

那个后来者知道我爸有原配妻子这个事实不能改变，所以便把目标转移到我母亲身上！

因此……母亲和爸爸的关系变得更差。

母亲为了逃避感情上的缺失，她一方面用打麻将的方式去麻醉自己，但另一方面又想弥补没有家庭温暖的我，于是每天把零用钱①收藏在家里（但不到饭点不会告诉我钱藏在哪），让我放学回家自己下楼吃饭。

放学回家找零用钱是我的一个特别节目！

很快，凭我的侦探头脑很快便找到（小时候很喜欢看推理小说，如日本的松本清张的），找到后，我便会带着邻居的小孩和朋友去看电影，甚至会领着表兄弟到荔园游乐场②玩足半个晚上！

有一次，因为玩得太晚，其他家长们报警才找到我们。

去警察局其实不止一次，当时我十岁左右，我母亲与阿姨们在一个饭馆打麻将，我与我表哥（跟我相差一个月大）在另一房间玩

右一的是我,其他的是所有姨妈的小孩

耍,我问我表哥打去警察局的电话号码999[3]应该会是谁接电话而对方会说些什么,他说不知道,我叫他拨打试试,结果打通了我们都不敢讲话,话筒扔在桌面便逃了,结果饭馆伙计接听了,**警察便派人到现场,我一看警察便哭,然后指着我表哥说:**

"他……他……他!"我俩回到家又是一顿打!

长大后每次看到我表哥都有点歉意……不过还好,问他好几次他都说记不起来!

我在这种成长的环境下,学业理所当然地每况愈下,我们班上一共是41人,成绩原本差强人意的我,还试过考最后一名。

我觉得让母亲看到一定会赏一顿痛打,在放学回家的路上我决定涂改成绩单,我把41名的4擦改后变成1,但心想我的成绩一直停留在三十几怎么可能一下子变得那么好,我母亲打死都不会相信,于是便又再修改成21。

这下完了……橡皮擦用力过猛,成绩单被擦破!这次差点被赶

照片里打人的是我

出校，但我母亲最后还是求校长给我最后一次机会。

那时候我也开始沉迷流连电玩游戏场所，虽然读书不成，但打电玩倒是技术了得，还记得当年每一局的游戏收费是5毛钱，我因为技术了得，每次只需要六个5毛钱硬币便能在电玩游戏场消磨一整天，日子久了，跟维修游戏机的师傅混熟了，我连5毛钱硬币也省下，师傅偶尔免费送我几局。

后来2020年能够执导由游戏改编的电影《征途》，我感到特别地兴奋。

24

除此之外，足球场也是当年其中一个让我流连忘返的地方，每次踢完球，大伙的汽水也由我（零用钱多）一手包办，因此让我有很多朋友，这也是我喜欢待在球场的原因，球场里的友情仿佛弥补了我缺失的亲情。

① 零用钱，当年一个面包是港币3毛，一瓶汽水5毛，看场电影从1块多到4块左右，而我每天的零用钱是5块。
② 荔园游乐场，原址位于荔枝角湾，1949年4月16日开业，曾是香港规模最大型的游乐场，可惜于1997年3月31日晚上结业。
③ 999是香港统一的紧急求助电话号码，而内地则划分为：报警电话为110，医疗救护电话为120，消防火警电话为119，及交通事故报警电话为122。

02　电影公余场
逃避现实的乐园

小时候住在九龙城，最喜欢到国际戏院①看公余场，因为公余场的放映时间是下午四时，正好是放学的时候，而且公余场的票价比正场便宜许多，所以每当遇上烦恼事，如改成绩表或在学校被记大过，我都会躲在国际戏院里看电影。

电影的 90 分钟最是让自己快乐及忘忧！

当年大部分公余场都是放映一些日本的二轮电影，当中不乏神怪题材，有忍者武打也有科幻片，等等，总之每次都让我看得目不暇给，也可以暂时逃离一下现实。

当离开戏院回到现实那一刹那，我在戏院街角的摊档买了一份碗仔翅②，然后一边吃一边问自己："银幕里的映像令我快乐，长大后的我是否也可以做这些让人开心的映像？"

那时候的我相信，世界上还有许多少年跟我一样因为家庭而不快乐！

有了这个想法我便开始找寻如何能接触到拍画面的这些人，终于被我找到一个途径，就是想办法进入当年的电影王国——邵氏片场。

九龙城国际戏院

国际戏院票尾（◎票根）

~~~~~~

① 国际戏院，于九十年代初结业，建筑物已拆卸，现址为成龙居。
② "碗仔翅"是香港著名的街头小食，看起来像鱼翅，其实是冬菇、猪肉和粉丝。

03　遇上李小龙 巨人的气场

小时候除了受到公余场的影响外，李小龙的功夫片也是我长大后热衷拍摄动作电影的原动力（相信很多动作片导演都被他影响很深）。

中学年代我就读圣芳济中学，李小龙的初中也在那就读，学校的老师告诉我们，李小龙在圣芳济念书那几年里，校里的神父（李的班主任）要经常到警察局去担保他，因为李小龙实在太爱武术了（比武），也有可能当时年少气盛吧。后来因为打架屡次被记大过，最后还是离开了。

万万没想到这年轻人的偶像及国际巨星李小龙，在我初中一年级那年回到学校，为校运会担任颁奖嘉宾。当时我在那一届的校运会里夺了两冠一亚的总成绩，所以连续上台领奖三次！

李小龙第三次颁奖给我时对我说："靓仔，能够上台领奖三次，应该有点料！"

颁奖礼完毕后，在同学们的强力要求下，李小龙脱掉外衣向我们展露浑身肌肉，台下的我们不禁大呼小叫，每个在现场的人都感到热血沸腾，及为人生中有这样一位学长而感到非常荣幸及骄傲。

再度跟李小龙近距离接触，就是在我最好的朋友陈家旋家里玩单杠，陈的二哥见到了，便要向我们表演单杠的高难度动作（陈的家人都喜欢运动，家里有很多器材），我们便拍掌欢呼，他二哥还

1973年3月13日我的学长李小龙回母校颁奖给当年
校际运动会得奖的同学，那是我第三次上台领奖

单手握着杠把身体在空中横着平行了数秒，但万万没想到杠杆从墙上松脱，他二哥不慎在空中翻腾时重重地堕下，头先着地而昏迷，陈的家人立即把他送医院。

内疚的我们守在手术室门外半步未敢离开，六小时的手术过程中，陈的大姐苗可秀（艺名）姐姐慌忙中赶至，而陪着她来的是李小龙，他们当时正在影棚拍摄。

X光报告是大脑里有瘀血及后脑头骨有碎裂，要立即动手术！

手术过程中，大家默默地等着开刀结果，我当时心情非常沉重，因为二哥表演时我不停地鼓掌鼓励，这一刻眼睛红肿的我除了有罪恶感，也不敢抬头面对他们的家人。我与同学家旋两人都低着头坐在医院走廊上的木长椅，此时李小龙也缓缓地坐了下来，他看了我俩一眼，那一刹那我还是感到了他那股强大的气场及正能量！

　　幸好，家旋的哥哥手术成功，并且已经脱离了危险期，大家总算舒了一口气！

　　在李小龙离开医院时，他走到我和家旋的身边，拍一拍我俩的肩膀，虽然他什么话也没有说出口，只是用力地点了一下头，但他仿佛在对我们说：

　　"这是意外，不是你们的错！"

校际田径接力赛最后一棒

04

十二金钗
母亲的闺蜜们

1956年,母亲只身来港的主要原因,就是为了要养活她住在内地的所有家庭成员。

她第一次来港人生路不熟,在那段期间,母亲却因缘认识了另外11位年龄相若的女士,她们全都是上海人,而有些还早在老家就认识。因为这样她们便常常聚会,久而久之为了互相有个照应,最后干脆结义金兰,取名"十二金钗"。

我四五岁稍为懂事时,我妈要我都称呼她们作"姨妈"!

五十年代有许多人从内地来港生活,五湖四海什么人都有,但这些认识12位女士的人,无论他们是什么阶层也都对我母亲非常尊重!

还清楚记得"十二金钗"里年纪最大排行第一位的姨妈,家里放着一张男人手持机关枪的照片,那个男人就是她的丈夫,事缘他在越南从事矿业生意,机关枪其实是护卫员用来保护矿场傍身用的。

当年大部分人从内地来工作也好长居也好,很多都会住在同一个区,而这些上海人大部分会聚居在尖沙咀。尖沙咀这个地区除了住宅外,便是酒店、咖啡馆及中西饭店,生活在此甚为方便……因此,每个月"十二金钗"都会在尖沙咀一家上海饭店联谊聚会,**我记忆中这12位女士的酒量也是相当惊人**,所以如果有男士有非分之想想把她们灌醉那就肯定大错特错,另外也为大家离乡别井要互相照应吧!大概我的酒量也是遗传自母亲。

我妈在12人里排行老二,但她在众姐妹里是特别受欢迎的那个,因为她永远不会惹是生非也不喜欢吵架,大伙有争端她也永远扮演着和事佬的角色,有她在就什么大事都变成小事,吵不起来!

日子久了,其他上海来的家庭如有纠纷或吵架,或偶然有男系社会里的争端,有时候也都会找上这 12 位大姊的其中几位出来评理,身份就像香港法院的陪审团[①]一样;其实如果要把 12 人集合在一起是很困难的,因为有些姨妈经常出外公干或探亲。记得有一次一位男武打明星与一位拳坛高手起了争执而动了手,上海社群里的男士们大家都不敢劝,结果还是二姐(我母亲)及数位姊妹,分别同时宴请两位猛男于同日晚上回到那家上海饭店吃饭,两位大男人到了,发现对方也在,一时也不想令这些姊姊(都比两男年纪大)同乡为难而面有不悦地坐下,后来如何和解因我不在场也不很清楚,只知道两位猛男叔叔隔了数天又开始麻将耍乐,应该是那顿饭解决了两人的恩怨。

说起打麻将,这些姨妈有时候也会和其他阿姨打。话说有一次一位年纪比较轻的阿姨和母亲她们麻将耍乐,听说她的丈夫也是个社会名流,当晚她提出想加入"十二金钗"做最小的十三妹。隔天 12 位姨妈投票,超过大半数反对,尤其是我妈最不赞成。我之后悄悄问我妈这阿姨有哪点不好,事缘我跟这阿姨的子女差不多年纪也认识,她理直气壮地说因为她牌品不好、脾气大——别人打得慢又被她骂,别人打得不好她又会不悦,但从不检讨自己……我心想,不和她打麻将便没事了啦!

我妈看到我充满疑惑,便一脸认真地向我说:

"你记住!如果你要跟一个人合作做生意就跟他打一场麻将,牌品就看得出人品!如果你要跟一个伴侣决定结婚长相厮守,你得先跟她去一趟时间长一点的旅行,是每天 24 小时相对着,事后彼此都会发现对方是否适合自己!"

（第一排）右二是我母亲

我不爱打麻将，这些不是学校或书本教的理论，小弟我很快便忘了！

哈哈！这番话后来应验了。我和我前妻就是去了一趟15天邮轮观光地中海的旅程，回来后决定离婚的！

可是，我母亲就算再精明再能干，也敌不过自己的爱情……

当年我父亲出轨，母亲气得患重病进了医院，昏迷了两天，她的11个好姐妹便约我老爸出来见面为我母亲讨个公道。见面的结果，我父亲表示感情是挽回不了了，但答应会一直照顾我母亲到终老，最后也替她买一所房子，好让我母子俩未来有个安居的住处。

11位姨妈的理论是，不能挽回婚姻，但一定要对方承担一个男人该有的责任。

母亲和11位姨妈都是我成长路上的良好教材，她们让我明白，无论出生如何低微……也得要做一个有担当和负责任的人。

她们每个人都把我当儿子一样看待，在我心目中她们每一个都是我的母亲！而且……她们每一个人都有一个精彩人生！

---

① 陪审团是用以判定事实或被告是否有罪（视各地法律而定）的平民团体。香港所有成年公民都可能被选为陪审员，却不是所有成人皆有资格出任陪审员，例如警察、军人、律师、教授、神职人员、市（省）长、法学系的学生等可能不符合出任陪审员的资格。陪审员的选任需要遵从一定的程序。

05

母亲
我的人生导师

我的母亲除了含辛茹苦把我养大之外，其实还是我的人生及心理的辅导师。

她一直告诉我她出生于无锡的一个小村庄，在小学二年级还没有读完时便跟着我外婆去了上海在一户大宅门里工作，我外婆是管家，我妈就跟着外婆侍候那家人的老太太。她到现在能够认识这么多字，其实是来港后靠每天读报纸自学而来，但她却认为自己是社会大学毕业的高材生，因为生活的折腾及不断的挫折让她经历了很多，也从中学会了一套自己的人生道理，所以她的教导及待人处事方法，后来让我终生受用。

母亲摄于 30 岁左右

之前提及过的"十二金钗",虽然母亲排行第二,但她几乎是十二金钗里最深得人心及最终决策者,姐妹们所有人的问题都会先找我母亲商讨,而她解决姐妹间纷争的方法,其中之一,便是宴请两位当事人回我们家吃顿她煮的菜,姐妹一听都很乐意,因为她是烹饪高手。饭局上她就是让各持己见的两位姐妹尽情争吵,待二人吵到力竭声嘶无力争持时,母亲便总结说:"你们各有各的道理,吵完了气消了也吵够了便得吃饭,菜凉了不吃以后别再叫我煮菜,过了今晚明天我们还是一家人!"

哈哈,我妈煮的菜实在太好吃!这一招每次都奏效!

年轻的我除了反叛和愤世嫉俗还蛮享受谈恋爱,但因当时的我收入有限,另外我妈思想还是老一派比较保守,故往往周末夜里把女友偷偷带回家过夜,翌日早上乘母亲还未起床便请女朋友离开。不料,有一次母亲起得特别早,还坐在大厅看报纸,我只得像小偷一样战战兢兢经过她背后把女朋友送出大门,然后再静悄悄返回房间,母亲却突然开腔问:"等一等!我想问,一个普通旅馆一晚住宿需要多少钱?"

我傻呼呼但认真地回答:"大概一两百吧!"

然后,母亲继续说:"如果身上没钱我借你,但请你别再把非固定的女朋友带回家,上一趟来我家过夜的叫小丽,但刚才离开的肯定不是小丽,倘若我把她的名字叫错了,弄得人家难受我也尴尬,那又何必?"

从那天开始也不敢交太多女友,因为副导演的工作不固定,没有钱!

其实类似的事情早在父母亲还相爱时便已经发生过。他俩老偶尔喜欢在家弄几道小菜和喝点小酒。有一次他俩在家喝着黄酒吃着大闸蟹,其间有一黄姓女生致电我家找我。当时母亲在吃蟹,手戴一次性的手套,所以接电话时便用免提方式接听。黄小姐在电话里说要找我,母亲说我还没下班,黄小姐便把电话挂掉;但不到一分钟,家里电话又再响起,来电的又是黄小姐。

黄小姐:"你是伯母? Teddy(我的洋名)的妈妈?"

母亲答:"是。"

当时爸爸不知什么原因已感到有点焦虑,他直觉我可能出了事。

爸爸悄悄在母亲的耳边说:"我们的儿子可能出事了!"

母亲当时想把电话递给爸爸让他处理,但那边厢的黄小姐又再接着说:

"不好意思伯母,这么夜还打扰你们,我打来只是想告诉你,现在我怀孕了,有了Teddy的小孩!"

(其实这位黄小姐是我在酒吧认识的其中一位酒吧股东,她因为喜欢我而提出要我放弃副导演的工作,更说每一个月给我支付当副导演的薪酬,条件是每天去酒吧陪她直到她下班,把话说得白一点她是想包养我,我一怒之下跟她断绝来往。)

母亲后来告诉我,当时爸爸的样子仿佛突然间老了十年,不停地喝酒镇定自己;相反,母亲气定神闲地回答:

"黄小姐很抱歉,如果这个电话是在你们还没发生关系前打来,或许我还能够帮得上忙,但你们都是成年人,有问题应当自己去处理,这事我没法管!"

对方二话不说便挂掉。

我爸又急了:"你这样说话不太礼貌!"

母亲:"吃你的蟹!怀孕是编出来的故事!"

我妈应该去算命,真准!

母亲在我的一生里教导了我三件事情：

（1）**借出去的钱就是泼出去的水。**

（2）**皇帝不差饿兵。**

（3）**一定要有瓦遮头。**

听起来不见得是什么大道理，但却让我受用终生！

我的父亲
一个遗憾

我和父亲之间有着许多的遗憾……

童年缺乏父爱,因而直接影响了我的成长,我们之间的矛盾与不和,除了因为父亲的外遇,另一个更主要原因是我选择了电影为我的终身事业。

我父亲是上海出生的宁波人,三代学历都很高,太爷在清代是当官的,爷爷是大学校长,而我父亲也是优材生;在我父亲出生之前,爷爷认识了一个女明星,他有一晚约女明星共进晚餐,结果爷爷被数个彪形大汉在餐厅门外痛打一顿,原来女明星早已经有一个导演男朋友而没告诉他。

自从父亲长大懂性之后,爷爷便教诲他有两种人不能结交:一是戏子,二是婊子。**爷爷说戏子无情、婊子无义**,并说如果父亲在他未来的人生里结交到这两种人做朋友,定必把他逐出家门,从此断绝关系。

父亲与我

当年爸爸追求母亲的时候，故意隐瞒着已婚的身份，而且已经有了五个子女（四女、一男），后来母亲知道真相，本来已经打算离开我父亲，但在那个时候却怀上了我，母亲才打消离开父亲的念头。

如果说我的人生里完全没有父爱，这是不公道的，我最快乐的童年应该是四岁到九岁吧，在这五年的光景里，父亲每个星期都会给我买一本叫《儿童乐园》的漫画书，也会每个周末带我和母亲到浅水湾酒店喝下午茶，父亲知道我喜欢一切有关美国西部牛仔的玩具，他都会偶尔买给我。

六十年代儿童读物

但这一段温暖和快乐的日子，只维持到我十岁那一年，父亲便有了另一个女人，这位泰国女华侨知道父亲的原配是合法注册的妻子，所以便把目标转移到我的母亲身上，她用尽所有的办法来骚扰和破坏母亲和父亲的关系，让母亲非常困扰，她为了逃避伤痛，让自己忘却烦恼，一天到晚跟她的姐妹们（十二金钗）打牌，一打就两三天，因此，我在疏于管教之下变得无心向学，把时间都花在公余场和邵氏片场里寻我的电影梦。

无心向学的我决定踏足社会，寻找的工作又是跟电影有关，父亲知道后便更加不喜欢我，我们的关系也开始越走越远。

后来，我开始正式工作，也有点赚钱的能力之后，我变得更不喜欢留在家里，整天流连在外交朋结友，每当知道父亲会回家吃晚饭，我便立即躲得远远的，直到深夜才愿意回家，因为我不希望跟父亲再有任何正面的冲突。但每次回家，母亲总会告诉我，父亲一踏进家门便先走进我的房间，就这样一个人静静地在我的房间里看着四周待个数分钟才出来，母亲也不知道原因。

长大后，我猜父亲或许是想了解我当时的生活近况吧！

往后，父母的感情变得越来越疏离，甚至可以说是不相往来。

1996年，我和几位圈内朋友一起开了一间小酒吧。某一夜，梁家辉来电说心情不大好，想过来我的酒吧喝酒聊天，他抵达后不到一会，我收到一个从上海打来的长途电话，来电者是父亲从前的员工，他告诉我父亲在两个月前因癌症离开了。

挂线后，我沉默良久，家辉也感觉到不对劲，他问我发生了什么事？我答他："我父亲已过身！"

那一夜，我靠在家辉的肩膀上哭了很久。

对于父亲的心结，我一直都耿耿于怀，直到有一天许冠文先生的劝化，我才得以放下，当年许冠文先生的一字一句，我至今依然清楚记得，他对我说：

"真正受害人是你的母亲（母亲曾被我父亲的事气到重病入院），她都已经原谅你的父亲，为什么你就是不能？如果一直带着仇恨的回忆，只会让自己未来的人生更加不快乐，而且也会影响工作，影响创作。"

今天，我还是非常感谢许冠文先生，他的一席话让我茅塞顿开，所以我写了《童梦奇缘》的剧本，希望告诉世人"子欲养而亲不待"的真正意义！也不要等到事情发生了才后悔！

自此之后，拍电影之余，我开始花很多时间去关注一些独居长者，也办了多次慈善活动为长者们募款，希望借此能弥补心灵上的一些缺失及……自己也很快便会成为一个独居长者。

07 邵氏片场
终尝演员梦

七十年代邵氏电影公司[1]出品的武打电影非常红火及受欢迎，大家都很喜欢武打明星如王羽、姜大卫、狄龙和傅声……

正如前文提过，我的零用钱向来都比一般小孩多，因此我经常把零用钱储起来，等到周末放假带着邻家的一对小兄弟入邵氏片场游玩。一开始因为我们不是员工，当然被拒诸门外不让进，但鬼主意特别多的我，再一次到访便在附近的小商店买下许多水果、糖和香烟，我们把它们分别送给门口的护卫员，当我们几个小鬼顺利进入后，再把余下食物香烟送给道具部及马房的员工。这样一来三个小孩便可以**骑着马，拿着狄龙大哥用过的剑或明星王羽的独臂刀，在马房外的沙圈由员工牵着马绳绕一圈**。对于我们来说，这可是天大的酷事……但遗憾的是不能拍照留念！

混熟了，接下来有大半年光景，我几乎每个周末都在邵氏片场度过，每次都玩得不亦乐乎！直到有一天，我玩累了在邵氏员工饭堂用餐时（几乎整个片场都已经混得很熟，哪里都可以进），一个临时演员的领班突然走过来问：

"小鬼，你想拍电影吗？喜欢演戏吗？"其实你问我，我也不晓得拍电影到底是怎么一回事，遑论喜欢不喜欢？我只知道跟我同年纪的友人喜欢去"荔园游乐场"，而我却独爱邵氏片场！

邵氏片场（建于 1958 年）

临时演员领班接着问：

"我看你每周末都进来玩，一玩就一整天，还不如赚点零用钱，一举两得？"

自此之后，每逢星期六日，我都会在邵氏当上临时演员，每次赚取三四十块钱，如是者又过了数个月……又是某一天，一个副武术指导在戏棚里跟我搭讪，他说他觉得我体格挺好，人也很扎实，问我有否学过功夫。其实当时的我曾学过一些柔道及西洋拳，但都是些三脚猫功夫，不过因为我在学校是篮球、足球及田径队队长，所以体格还真算不错。但万万没想到，副武术指导竟突如其来地问：

"你有没有兴趣做'武行'？"

才十三四岁的我，也刚了解临时演员的工作是干些什么，哪知道怎么当"武行"？那个副武术指导继续说：

"你可以做第三排的小武行，因为第一排的一定是非常专业，除了要懂兵器以外，还要懂对打及做难度高的反应，也是他们武行里的老手；而第二排也需要有资历及演出经验，因为随时要补上；

第三排只要别让前两排的武行遮挡住脸（意思就是摄影机要看到你拍到你），然后手举武器，左右跳跃及大声呐喊便可。"

那年头一个武师每天可赚百多元到几百元，当然我这个新手就算加入也拿不到全数的片酬，因要被领班抽取佣金，但我却完全不介意，因为拿着兵器那刹那是多么威风。当年武侠片在香港及东南亚算是最风光的年代，在同一时间里光是在邵氏片场便有超过七八个厂棚都是在拍武打片，每天每组打斗场面之多，连第三排武行每天都有工开，武师更加是供不应求，后来就连在戏里被对手打死而躺在地上的"尸体"也是武行在演，片酬也一样！

那是一个充满演出机会的年代，每个人都争取不同的演出机会来向剧组表现自己的演技，希望下一次有更好或更多发挥的角色，所以躺在地上全无发挥的尸体，便没人愿意接，但我当时的心态并不是为表现自己，只是希望能继续每星期在邵氏片场赚更多的零用钱和玩乐，于是一有"尸体"演出的通告我便乐意参与。其实那段时间我因为在家里没人管而经常打游戏打至深夜，白天往往睡眠不足，所以第一次演尸体，就算满脸血浆，人一躺下我就可以旁若无人呼呼大睡，很快进入梦乡，不管转了多少次机位及拍了多少个镜头，我还是可以在那沙尘滚滚、人来人往的片场地上，安睡得像圆寂一样。

躺在地上不知有多久，突然有人来把我从睡梦中叫醒：

"收工啦！"

这个人原来就是那部戏的导演，我立马睡眼惺忪地站了起来，他拍拍我的肩膀笑着说：

"小朋友，躺了一整天没动过，你挺敬业的，这场戏还有三天才拍完，你就继续来躺吧！"

长期进出邵氏的我，接下来便和许多剧务、助理制片变得熟络，也终于让我有机会晋身成为有对白的特约演员。

那是在牟敦芾导演的电影《打蛇》里演一个贩卖人口的坏人，足足有20多天有对白的戏份；但每天不是暴力和血腥场面便是要面对着一群裸女演戏（因她们是被人卖到这里，不听话便被脱衣泼冷水），年少气盛又血气方刚的我看到大量裸女肆无忌惮地走来走去，其实一点也不好受！每次收工后都要去小商店买瓶啤酒喝，降降温！邵氏影城其实就是我进入影视行业的起步点……

80年《打蛇》

■牟敦芾作品《打蛇》講述非法入境者偷渡來港辛酸史。　　　　　　　　　　　　　劇照

图里找得到我吗？

---

① 邵氏电影公司，全名邵氏兄弟（香港）有限公司，1958年由邵逸夫与邵仁枚成立，在港制作电影，邵逸夫任总裁。1961年12月6日，位于新界清水湾半岛的邵氏片场正式启用。

08 台北（1）旅游变长居

在四十年代，大众把生男丁视为很重要的事，尤其是年长的一辈。在我母亲的家族里，只有母亲有一个弟弟，故我妈把我舅当儿子一样看待（那时我还未出生）。

后来外婆带着我妈从无锡乡下到上海打工，我妈都想尽办法把弟弟接出来，省吃省用给他念最好的学校——上海圣芳济中学。

可能我家的男丁都有不爱读书的遗传基因，我舅和我一样爱玩，也因经常逃学而被姊姊打，有一次我妈很生气就把他重重地打了一顿，舅舅一气之下便离家出走，当年他才17岁多一点，一走却走得好远，跟他的同学一家人去了台湾。

我母亲很伤心，但还是骗着外婆说弟弟去了北京念书。

隔了一段日子，我妈好不容易才发现了弟弟的行踪，他去了台北住在同学家，我妈一方面担心他学坏，另一方面又担心他没人照顾，于是想尽办法，含辛茹苦省吃省用，先把我外婆接来港然后才送她去台北，让我舅舅身边有人照顾及看管。

我母亲在我心目中非常伟大，当然每个儿女都会敬重自己父母，但我母亲只身来港，把三地的亲人都尽能力照顾到、照顾好，实在不容易！

言归正传，外婆和舅父一直都在台北定居，所以我母亲定了一个规矩，就是每年的农历新年，我也要陪她去台北跟外婆和舅

外婆摄于台北家中

父拜年。

　　记得第一次去台北我才八岁，因为母亲有事已先行出发，也亏我母亲胆子大，竟然让我一个人一周后自己坐飞机去台北。她用了一个挺机灵的方法，她离港前给我一张中华航空公司的空姐（穿着制服）照片，然后她教我时间到了就拿好机票及证件坐出租车去启德机场，到了机场便去找跟照片中穿一模一样制服的空姐，礼貌地拖着她的手边给她看我的机票证件边说：

　　"姐姐，我要去台北找我妈，可否帮忙带我到柜台办理登机手续？"

　　记得当时我很认真问了母亲一个问题："我可不可以挑一个漂亮一点的姐姐？"

　　其实小时候的我还蛮喜欢台北，除了因为外婆厨艺了得，主要是我的舅舅有很多有钱的朋友，时值过年，每次收到的红包是又多又厚。

　　前文曾提过，我初中时经常在外流连至很晚才回家，母亲实在是不想我继续留在港，怕我早晚会碰到一些不良分子而学得更坏，于是在我15岁那年提议过年去台北多待一阵子，看看是否适应在那生活。

我当然十万个不愿意离开，离开我的邵氏影城、公余场及球场，但我妈坚持的理由是因为那年我外婆刚好七十大寿，加上过年，理应多待一会，陪陪老人家。

好吧，想到那丰厚的压岁钱……

但却万万没想到本来只是一周的旅游却变成一待就两年！

抵达台北当天，其实前一晚也没睡好（小孩的时候听到能坐飞机都特别兴奋），下了飞机坐出租车到了外婆家后我才发现我把护照及回程机票都遗留在出租车上。奇怪的是当时母亲并没有怪责我，只说申请护照需要两三个月，就暂时留一段时间吧（后来才知是我妈编的），当时我也不敢违抗，因是自己的大意才让自己走不了，但原来出租车司机早在半小时后已经把证件送回，但妈就是不告诉我。唉！大概这就是命！既然回不了，母亲说学业不能荒废，便临时安排我在台北上学直到证件补发才回去，在没有选择的情况下只得答应暂时留下来读书。一读就是两年。

09　台北（2）
华侨子弟

在台北的两年岁月里，我除了家人亲戚以外，一个人都不认识！

我的朋友写信告诉我台北有个地区叫西门町，那里聚集了各国的侨生，有广东酒楼、卖港货的商店及港式服装店，大部分都是港人开的，而且还有很多戏院。一听到戏院我便很开心。

于是我便经常流连西门町一带看个电影再找地方吃饭。

在西门町有一家商场，非常多港人出入，叫"万年商业大楼"，其中在六楼有一家"万禧酒楼"，因为这酒楼是吃广东点心及粤菜的中式酒楼，所以就聚集了更多来自香港的侨生或生意人。

一般海外侨生在台北都有比较好的待遇，譬如不需要考入学试便可以直接保送进当地较好的学校，因为我是到读初中的年龄，所以就被保送到台北市最好的中学"建国中学"[①]，后来考虑到自己学习成绩一般便去了另一所较普通的中学。

说回西门町，其实老实说，在此认识的绝大部分都是成绩不太好的顽童，因此当**我们这些侨生在万禧酒楼认识后，为了互相有所照应，便团结起来成立侨生联谊会，简称"侨联"。**

"侨联"最大的建树是延续了我们最爱的各种球类活动（港侨特别会踢足球，也带动了学校成立足球队），然后又组织乐队，都是因为有共同语言及能打发时间！

当时有些香港明星及歌手在当地颇受欢迎的缘故，我们便在自己筹办的舞会上演唱流行广东歌，也顺理成章地受到女生们的欢迎，其实我们唱得好不好，有没有走音跑调……台下的她们也听不太懂！

侨生运动好，打扮也比较潮，没想到这样我们也会树立了很多男生的敌人，尤其是东南亚国家来的侨生太妒忌我们……当年越南华侨最仇视"侨联"，他们吃亏的地方是因为大部分不会说国语，加上日常的零用钱不够我们多，因此较吃亏……后来部分越南侨生还冒充是"侨联"的一分子……

台北自由中学足球队与体育老师（1975年）

终于，冲突在某一天爆发了。

我们与越南侨生举办了一场足球比赛，因为一个误判的点球，港侨觉得球证（◎裁判）偏袒越南队而差点打了起来，结果当然是我队输了。

后来我们其中一个较年长的侨生不甘受屈，于是便领着一些侨生到西门町某电影院外（那电影院是越侨经常聚集的地方）找他们。

唉！年轻人就是血气方刚，结果还是打了起来。事情闹大了。幸好，当时我因为要参加篮球比赛而没有参与其中，闹大的原因是其中一个被打伤的越侨是当地越南领事的儿子。

因为这事，所有有份参与的港侨都被驱逐出境，"侨联"从此彻底瓦解。

那事发生后，我再没去过"万禧酒楼"，虽然我没参与，但我母亲知道之后还是非常生气，便决定要我搬去学校寄宿，更罚我往后三个月的周末都不准回外婆家，要独自留在学校！

我在学校因为运动好、个子高大，体格也不错，初中三年级便被选为纠察队队长，谁不守校规谁闹事都被我举报，其中一名高中生犯事被我抓到，他也因此被退学。

这下可好，这高中生带了几个朋友来学校找我，其中一个后来听别人说是跆拳道三段的高手！

那晚上我在寝室和室友聊天聊到中国功夫，他们气冲冲地来寝室找我，我当时装作不知道他们来意，他们进门后我（背着他们）还在向其他同学吹嘘我懂一种中国神奇功夫，而当年有一部很火的**港产片叫《神打》**[②]，因为我曾在邵氏片场当过演员也略懂演戏，再**加上澎湃的运动细胞，我也不知哪来的鬼主意，竟讹称自己懂得这门"神打"的功夫，还即席在宿舍里当着大家面前表演起来。**

我嘴里呼噜呼噜地念念有词，装神弄鬼地两眼一翻再大叫三声往地上一蹲，一下子如有神助般从地上跳到床顶（上铺），简直就是孙悟空托世。大家看呆了，包括站在门口来寻仇的三位高中生。

这事发生后，我名声大噪，还跟那几位高中生成了朋友，尤其是那位跆拳道三段的高手不时来学校找我，想拜师，求我教他

"神打"!

  住在学校其实也并不太寂寞,另一个美好回忆便是拿着吉他隔着一道铁栏向另一端的女生宿舍献唱。每晚自习前便唱起我那走音的粤语流行歌曲,唱的都是香港歌手许冠杰的《双星情歌》,然后有知音者便相约去学校门外的小吃摊,吃着小菜听"神打"老师讲故事(可能编剧的伎俩也是从那开始培养的)。

---

① 台北市立"建国高级中学",简称"建国中学""建国高中""建中",为一所公立普通型高级中等学校。建中以自由学风著称,社团的多元蓬勃发展也颇为著名。各年级设有科学班、数理资优班、人文暨社会科学资优班、体育班。
② 《神打》是邵氏公司 1975 年出品的功夫电影,由刘家良执导,汪禹、林珍奇主演。该片讲述了民国时一对行走江湖的郎中师徒,自称身负"神打"奇功,可以请神上身沟通阴阳,穿州过省都是仗着这张幌子招摇撞骗,但经历一番波折后,最终用真武功为民众伸张了正义。该片名列当年年度十大电影票房榜第七位,是汪禹的成名作,也是刘家良导演的第一部作品。影片借助义和团神打功的噱头来包装故事作为糖衣,内容搬演的却是"阐扬武道,破除迷信"这八字真诀。

10 台北（3） 三个人生的第一次

我一直怀念和喜欢台北，在那块土地上出现了我人生的三个第一次。

（1）第一次独个儿乘坐飞机，那年 8 岁。
（2）刻骨铭心的初恋，那年 15 岁。
（3）第一次当导演的机会，那年还不到 30 岁。

在台北读书的第二年，学校要我做体检，原来侨生如果连续留在当地超过两年不曾离开便会成为当地公民，如果岁数超过 17 岁而不继续读书的话便要被征召入伍，我母亲知道入伍的事当然不太愿意，便立即办退学把我送回港。

临别在即，台北的朋友决定为我举行一次惜别派对。印象中，我们是租借铁路旁的一所小餐厅来举行派对。因为钱都是同学一起凑的，预算也有限，所以我只邀请 70 个朋友出席，却没料到最后竟然来了 150 多人，多出来的 70 多人大部分是因为我是学校运动尖子想看看我而慕名而来，有些是听到我的一些事迹（神打）好奇之下也来凑凑热闹。

当时我的心情可谓惊喜交集，三个小时的派对我忙得不亦乐乎。过程中我遇到了一位我表妹的女同学，原来她和我表妹是住校室友，两个女生上下铺，她一直听到我表妹夸赞我，就是这样我们开始了一段刻骨铭心的初恋。这段初恋有个小插曲，原来一开始这

《上错天堂投错胎》拍摄现场，第一次当电视剧导演

女生是有个拍拖两年多的男朋友，不知道这男生是怎么知道我的存在，有一天放学他带了三四个男生在我家门口等我，后来我们坐在家旁边的摊子边谈判边吃小菜。突然这男生握着我的手哭了起来，说都是女的不好不关男生的事，还说我俩都不要她，最后还要跟我结拜为兄弟，真是人生如戏。后来这男生也去当兵，跟女的没再见面。我随着要离开台北当然也跟她分了手……直到现在，我也希望有一天能把她的身影放进我的电影里。

而另一个人生的第一次，便是后来回港读完高中后当上电影的场记和副导演。因我曾经为电影《边缘人》[①]做副导演而认识这部电影的编剧张键先生，他随后邀请我随他去台北工作，目的是帮他写的剧本做编故事的工作，因此也让我有机会遇上了一位台北当地电视台的制作人伍宗德先生[②]。伍先生当时正在筹备一个名为《上错天堂投错胎》的电视连续剧，我参与后一开始只是负责创作，但合作期间伍先生留意到我有当导演的天分，纵然我还没有执导过任何电视作品，他还是大着胆子给予我人生第一次的机会当这部电视剧的导演。

这部剧的女主角是沈雁③，还有民谣歌手罗吉镇④，另一主角便是当年香港影视当红小生董玮⑤，而我便是跟董玮在那个时候结的缘。

当时伍先生准备每一集的拍摄预算是70万台币左右，开拍后我却用了拍电影的方式，拍得超讲究及慢再加上本身经验不足，最后第一集还未拍完已超支到120万台币，拍摄也因此暂停。

伍先生看了毛片后不但没责备我，还决定继续支持我去完成我的首个导演作品。

其实除了伍先生，所有参与这剧的台前幕后都给予我莫大的支持，让我铭记在心中，当然这件事对我而言是感到非常的愧疚，但第一次执导的经验拍出来的成绩，却增加了我做导演的信心，因此开展了我的影视生涯！

---

① 《边缘人》为1981年的电影，由世纪公司出品。主角艾迪、导演章国明及编剧张键分别凭此片获1982年第19届金马奖最佳男主角、最佳导演及最佳原著剧本。同时亦有多项提名，包括最佳剧情片、最佳男配角（金兴贤）、最佳原作音乐（顾嘉辉）、最佳电影插曲（钟镇涛《边缘人》）等。

② 伍宗德，台湾知名电视节目制作人及导演，同德传播负责人，从事影视工作30多年。伍宗德创作风格为自编自导，从早年描述真实社会事件而声名大噪的《法网》与《天眼》开始，到以灵异侦察题材为主题的《台湾灵异事件》，这些作品让伍宗德成为八九十年代台湾电视圈传奇人物。2005年，他凭借《双响炮》荣获第5届中国电视艺术双十佳导演奖。

③ 沈雁，原名周美麟，是台湾1979年至1987年的当红影、歌、主持三栖玉女歌手，与当年歌林唱片旗下歌手江玲（原名蒋美玲）和海山唱片旗下歌手银霞并列华人国语歌坛第一代"玉女偶像掌门人"。

④ 罗吉镇，台湾校园民歌男歌手，1981年时与李碧华合唱的歌曲《神话》首开校园民歌男女对唱新曲风，被海山唱片誉为"金童玉女"。除了唱民歌、出过七张专辑，罗吉镇还曾主持台视综艺节目《我爱红娘》、《动感九九》（与陶君薇主持），在电影《小镇医生的爱情》中演秦汉的儿子；之后多在幕后做音乐。

⑤ 董玮，原名董云玮，昵称阿弟，著名武术及动作指导兼导演，曾参与多部电影及电视剧演出，近年淡出幕前，专注电影幕后工作。他担任动作指导的最大特色，就是非常强调动作及故事合一。曾经17次获金像奖最佳动作设计提名，6次得奖（《神偷谍影》《紫雨风暴》《特务迷城》《十月围城》《一个人的武林》《湄公河行动》）。

11 第一份工作 与海豚为伍

回港后，因为少年时的我并不喜欢读书，时间都花在看电影（公余场）、球场及游戏中心，后来我更迷上了保龄球。

因为我是用左手的，球馆里有五个球友都是左撇子，于是我们便成立了一个"LEFT-HANDER-左手仔保龄球队"参加比赛。我们的队长是一个在港土生土长的菲律宾人，他在当年刚落成的海洋公园海豚表演部门当司仪，他一直知道我无心向学，又正好学校放暑假，于是便提议我加入海洋公园当暑期见习员（当时还未开幕，筹备中）。

什么是暑期见习员？原来就是海豚见习训练员。

开初只是抱着好玩的心态，因为当训练员有机会学潜水，每天的基本工作是喂食海豚和海狮，陪它们游泳，了解每条海豚的个别性格。**海豚是这世界上除了人类外排行第二聪明**[①]**的哺乳类动物，你去了解它，它也会同时了解你**，你不用氧气瓶能在水底下待多久它都知道，我握着它的鳍翅一同潜游，它会懂得什么时候把你带回水面。

这简直是天下间最美好的暑期工！

我们整个训练部门连同我加起来也只有11人（每个人负责培训2条），公园在准备开幕前又捕捉了14条海豚，连同公园之前已在接受训练的8条，总数加起来变成了22条，但正式的训练员却只有10名，最后因为人手问题，连我这个暑期工也得临危受命加速受训，要让我在短期之内成为正式训练员，而我即时便要负责每天培训及饲养2条海豚。

上：我负责照顾的2条海豚
下：替母海豚接生

快乐的时光总是短暂的,虽然我们整个部门只有 11 个人,但也会出现不和的现象,这是我第一份踏足社会的工作,让我了解到成人世界没有我想象中那么简单!

决定离开的当天,我向总经理递上辞职信,我忍不住流下眼泪。

我跟他说:"如果 11 个人的部门也这样难以相处,遑论足有两千员工的海洋公园?如果一家公司不能做到上下团结,这公司未来还会运作顺利吗?"

那时候的我还不到 18 岁,虽然我的海豚训练员生涯只有 8 个月,但还是有所得着(◎获益),可能也是因为这工作跟表演有关。

不得不在这里提一下临走的那天,我所照顾的其中一条雌性海豚来公园的时候已经怀孕了,要生产了。我最后还是帮兽医接生完才收拾离开。这是个很微妙的感觉,也让我毕生难忘!

---

① 依照不同机构所做的哺乳动物智商排名,海豚排位会有变化,不过的确是公认的聪明动物。——编注

12 保龄球场
人生转折点

在台北仁爱保龄球馆拿到的奖项

离开了海洋公园，我便继续每周抽时间打我的保龄球，在台北读书的时候也曾夺过单局最高分纪录，曾经有一次，球场的经理叫我考虑做全职保龄球员。

在这样不踏实的思想年纪之下，我在保龄球场认识了改变我人生的两个人。

有一天，我下了课如常去打球，后面坐了一位很面熟的中年人，他一直在看着我！然后坐他旁边的另一位男士走过来，他自我介绍：

"我姓杨，是徐小明导演电视剧的统筹，**徐导演认为你颇适合他下一个剧的其中一个角色，有没有兴趣演戏？**"

我接下来便把在邵氏片场工作的事告诉他，然后他指着后方——原来一直在看着我的先生就是徐小明导演！徐导演当年是丽的电视[①]的重要导演之一。

徐小明导演正为他的新电视剧《十大奇案》②的其中一集物色少年演员，该单元剧叫《学童》！

既然海洋公园的工作没有了，当职业保龄球员又如此地遥不可及，所以我二话不说便答应了。

在香港宾士域保龄球馆获得的比赛奖项

---

① 香港丽的映声于 1957 年 5 月 29 日晚启播，为首间有线电视台，1973 年转型为免费电视台并更名为丽的电视，设有丽的一台（中文台）和丽的二台（英文台）。1981 年 3 月，丽的电视英国母公司丽的呼声把其持有的丽的电视出售予三个澳洲财团：戴维森、亨利钟斯和 CRA 有限公司。1982 年再转售予邱德根家族并改名为亚洲电视，至此，亚洲电视与丽的呼声（香港）再无关系。
② 丽的电视《十大奇案》取名"十大"只是想制造震撼效果，其实是拍了十余集，全部由真实个案改编，包括当时香港最令人熟悉的巨案。观众反应热烈，拍案叫绝，此剧荣登该台当年收视榜首。

13 十大奇案 《学童》

徐小明导演让我第一次真正尝到当演员的滋味。

整个单元剧只需七个拍摄天,而我的戏份也不过三天而已。

戏份并不多的我,徐导演却要我在正式拍摄前亲身到壁屋惩教所①体验牢里的生活,提前一周便要入住惩教所,并且跟真正的男童犯②从早上起床便一起吃早餐及派发工作。

我们去惩教所的男演员加起来只有三个,其中主角年纪最小才15岁,然而**连续七天都要和真正的男童犯生活在一起**,他们也协助拍摄,但当他们每每看着我们的时候,眼神都并不是很友善,我们三人都感到随时有被打的可能,当然最后没有发生任何不愉快的事情。不过,我也深深明白他们的感受!

正式拍摄后的第二个晚上,收工后因实在没什么事情好做,便拿出自己带来的吉他找个无人的树下自弹自唱。未几,徐小明导演走了过来,借了我的吉他便开始唱着民谣。唱了一会之后他问我有没有修读过电影或进修过电影相关的课程。我说没有。

他笑笑地跟我说:

"你有点天分,以后跟着小明哥吧!只要有我的剧,便有你!"

当晚我开心得彻夜难眠,因为徐小明是炙手可热的电视导演,他每一个剧都很受欢迎而且我都看过。

当日壁屋惩教所的长官在我们离开前，曾打趣地跟我和另一位饰演学童的主角说："记住！像你们这个年龄，如果犯了法便一定会被送到我们这个惩教所服刑！所以，千万要好好做人，别做违法的事。"

万万没料到数年后，这个单元剧的男主角真的因为犯了事被抓而进了这个惩教所。

不知是人生如戏，还是戏如人生？

当年徐小明导演在拍摄现场

---

① 壁屋惩教所是香港惩教署辖下的一所高度设防的惩教所，位于新界西贡区清水湾道399号。该所于1975年投入服务。专门关押男性年轻还押犯人和定罪犯人。
② 男童犯指年龄介乎14至20岁的年轻男犯人。

14　最快乐的日子（1）
　　丽的电视台

　　我的影视生涯里最快乐的日子应该是刚加入丽的电视台，正式成为电视工作者的时候吧！

　　那时候的我才18岁，最初应征的是助理编导的职位（这次推荐我的是苗可秀小姐），**但在应征的前三天我却出了车祸！**事缘那天刚好台风袭港，天文台悬挂三号风球，我当时驾着摩托车准备回海洋公园收拾私人物品，结果因天雨路滑发生了交通意外，严重摔倒受伤而全身足有七道伤痕，到了医院因为右手严重擦伤还需要打石膏及包扎，远看整个人像半个木乃伊！

　　应征的那一天，我心想：伤成这样还应否去面试？

　　终于，我还是鼓起勇气，去了丽的电视台见准备聘用我的综艺节目总监屠用雄先生[①]，当时我胆战心惊地走入屠先生的办公室，他抬头愣住。看着满身伤痕的我足有十秒，然后他指着我的右手接着问：

　　"手伤成这样，想问你如何能出通告？"

　　我说："我是左撇子！"

　　他想了一想继续问："那，你最快可以何时上班？"

　　我回答："要是你不介意我明天便可以上班，因为我实在太喜欢在这个地方工作了！"

　　哈哈！他居然答应了！

丽的电视大楼（1957年建成）

正式成为助理编导的我，一没事便很喜欢到编剧组串门子（即闲话家常），因为在那个大房间里经常听到很多神神怪怪的事，后来跟编剧组的同事混熟了也觉得创作挺有意思；而我自身的助理编导工作又经常看到编导们把剧本修改得体无完肤，但也不是改得很好，让我暗地里替编剧组的同事感到不值！后来也不知哪里来的念头，我决定由助理编导转职到编剧组。

终于，我的人生又多另一次的面试，因为电视台的规定，部门与部门之间转职，也得要再次申请和面试，而这次要见的领导是戏剧组总监麦当雄先生[②]。

当年麦当雄先生的编导功力已是电视界的神话。

我怀着战战兢兢的心情去见这位传说中的电视界巨人，万万没想到他见面的第一句话是：

"如果佳视③让你来接管和打理,你有什么方法能让佳视成为收视率最高的电视台?"

我立马傻住了,万万没想到面试一份编剧工作,却要回答如此宏观的问题,别忘记,那时候的我才18岁。但问题始终还是要答,我脑筋一转,爽快地回答:

"我会先聘请你,过来协助我!"

气氛一刹那凝住了!

麦先生似笑非笑地看着我,然后便叫我回去等候消息。

第二天我便收到通知正式以编剧身份上班。

---

① 屠用雄是亚洲电视(亚视)的"电视人",被丽的电视第一个华人总经理黄锡照破格起用,与麦当雄、李兆熊一同被称为"丽的三雄",制作连串震撼性节目,领导潮流,给予对手无线电视极大冲击。
② 麦当雄,电影导演、编剧和监制,以善于制作警匪片见称。在七十年代他是丽的电视(亚洲电视前身)的监制、丽的电视第一台(后来的本港台)台长,多次以收视常处弱势的丽的打败无线。八十年代起他成为电影监制,并获得过第11届香港电影金像奖最佳编剧。
③ 佳视,全名为香港佳艺电视台,于1975年9月7日正式开台,其后于1978年8月21日早上突然发表声明,宣布因财政陷入困境而停止运作,并在总部大门外贴出告示,表示当日起停播。

15 最快乐的日子（2）
每个月的"月经会"

为什么在丽的电视工作会是我人生中最快乐的日子？

香港共有三个电视台，丽的、无线及佳视，当年大家竞争非常激烈，是我们本土史上第一场电视台大战，丽的电视要和TVB无线电视台[①]一直抗衡，无论在综艺节目或戏剧上。因为加入创作组后我一开始只负责一个儿童节目，日常的工作很快便完成，一旦其他节目需要帮忙我都乐意参与。

我们丽的电视编剧组一共有35人，大家都好像生活在一个大家庭里，我更庆幸自己是其中的一分子……我们全组人可以为了其中一个节目的收视率，一起24小时待在电视台里帮忙，直到创作完成！

那是一个团结又热血的年代。

除了一起拼斗，我们也一起玩乐，而编剧组每一个月都会有一个名为"月经会"的联谊活动，那天我们会准时下班，然后在一所电视台附近的中菜馆，一起来分享每个月的创作经历，有辛酸也有快乐。我们除了大吃大喝一顿，偶尔也会打麻将联谊，减轻每个月在工作上的压力。

丽的电视台编剧组
"月经会"晚宴

"月经会"也会办一些搞笑的选举，同事之间会选出"三最"，即三个所谓"最"的同事，包括：

最猥琐编剧、最丑陋编剧及最体弱多病编剧！

另一次我们颁了个文采奖给编剧文隽[2]，因为他把我们所有编剧的名字变成气质相符的商业品牌名称……

例如：江龙饭店、丹瑞眼镜、德森木材、文隽书局、华标跌打和立人幼儿园，等等。

当然品牌前面便是编剧同事的名字。那段时间真是充满欢乐！

后来我有一个机会转职做电影，那个年代我们在电视台工作是为"小框框"[3]服务，如能投身电影行业便是为大银幕服务。当然拍电影是每个电视人的梦想，但实在舍不得离开这块乐土，**我犹豫应否离开，最后还是透过"月经会"所有同事投票而决定**。结果是27票赞成、5票反对、2票弃权，部分投反对票的是因为不想每个月少了一个麻将搭子（俗称麻雀脚）。

---

① TVB，即无线电视，成立于1967年，也是香港首个投得无线电视牌照的电视台，从1967年至1973年间是香港唯一一间无线电视台。由于电视广播市场受政府发牌控制，长期缺乏实际竞争，无线得以一台独大，故坊间亦有"大台"之称。
② 文隽，原名王文俊，是香港资深电影人，做过电影导演、电影监制、演员、电影及电视编剧等。效力过嘉禾、德宝、邵氏、新艺城、艺能及永盛等电影公司。近年以监制、编剧及经纪人工作为主。
③ 小框框，意思是电视机，因当年的电视机顶多只有20英寸（1英寸≈2.54厘米），屏幕四边也有框架，所以称为"小框框"。

16 我要成名 勇闯电影圈

我们编剧组当年最体弱多病的是郑丹瑞[①]，我也不知道他是压力大，还是真的是体弱。郑丹瑞动不动便会抽筋及头晕。

我虽然经常取笑他，但和他也是组里最要好的朋友，当年他追求的一个大学同学，叫"沙律"的女孩子（即现在的郑太太），到最后也是经不起我的游说才答应嫁给他的，我还是他们的伴郎。

上文曾经说过，在丽的电视编剧组的工作气氛是很好的，我们每天除了齐心合力创作外也经常在吵吵闹闹中度过。有一次，我忘了为了什么原因激怒了郑丹瑞，我顽皮地三番四次地去挑衅他，最后弄得郑丹瑞按捺不住，拿起一卷卫生纸作势要扔向我，我还装出鬼脸一副放马过来的模样。一次，两次，三次之后他真的把手中的东西扔向我，而我一脸不屑地像足球员顶头球那样把头迎向郑丹瑞扔出的"东西"，但原来的卫生纸卷不知在何时竟被换成一个用硬物造的胶纸座[②]！

接下来的那一瞬我眼冒金星天旋地转地倒卧在地上，胶纸座也裂成四块散落在我身旁地上。

当时郑丹瑞和另三位同事立刻把我扶起，但他们低头一看地上留下了一堆血，还是个人形图案。

他们立即扶着我下楼送往医院，当时我是半清醒的状态进的电梯。正当电梯到达一层，电梯门徐徐打开之际，刚好大堂里站着一群在电视台采访的娱乐版记者,他们看到一个血人被搀扶出来便一窝蜂向我冲过来想采访及拍照,但当发现我一不是艺人,二又不认识,觉得没有采访价值便随即一窝蜂散开。

散开的速度之快,就好像我是一个带菌者。

在往医院的路途上,我咬着牙跟自己说:

"陈德森!你有朝一日一定要出人头地!"

做制片时代的我

---

① 郑丹瑞,人称"旦哥"或"阿旦",涉足电影、电视、电台、舞台、报纸专栏,是香港娱乐圈、文化界的多面手及前无线电视艺员训练班导师。郑丹瑞是由电台DJ出道,曾是香港最受欢迎的男DJ,并历任香港电台节目总监、商业电台营运总裁,其编演的《小男人周记》广播剧创下多项纪录,收听火爆,也是首部发展为小说专栏、电视剧、电影及舞台剧作品的原创广播剧。郑丹瑞也曾制作参与过多部经典的广播剧、电视剧、电影,主持过上百台经典综艺晚会和大型节目,有"金牌司仪"的美誉。

② 胶纸座是切割胶纸的工具,通常都是把胶纸套在里面,然后通过胶纸座带有的锯形刀切割胶纸,使用起来十分方便。

17　成龙大哥（1）
香港第一个私人助理

我妈有一天问我，你觉得自己适合做艺人的私人助理吗？

我跟我妈说，跟助理编导应该没什么大分别吧！

事缘是成龙大哥刚拍完《蛇形刁手》和《醉拳》，红得发紫的他实在需要一个私人助理来分担经纪人陈自强的工作，因为母亲是陈自强的麻将搭子，所以他随即想到和成龙大哥年纪相若的我，我们只是相差四岁而且我也懂影视行业的工作。我当然非常愿意接受这份新挑战，更何况离开丽的电视的主要原因就是希望加入电影圈学做电影导演，而那个年头的成龙大哥在电影界炙手可热，而且他接下的所有片子都会是大制作。学当导演这条路不是更容易吗？但却事与愿违……

记忆中那个年代的大明星都只流行带佣人进组，她们负责奉茶倒水，另外像李小龙等会有经纪人，**但如果说有正正式式的私人助理，成龙大哥该是第一人，而我就成了香港电影界第一个大明星助理**。还记得第一次到嘉禾电影公司见成龙大哥时的情景，他见面第一句跟我说："大家都称我作Jackie，你以后也跟着这样叫我。"

当年的成龙才24岁很年轻，我想叫英文名Jackie是比较洋气吧！从言谈间，成龙知道我在台北生活过，也能操流利国语，而且曾当过编剧及助导，觉得我很适合帮他，他告诉我因为他小时候在于占元师傅[①]的戏班学校没什么机会读书，几乎只有小一程度，所以需要有人给他读剧本，然后帮他写读后感。但他凭后天的努力学习中英文，就算到美国电视台接受现场访问，也可用英文对答如流！

因为《蛇形刁手》和《醉拳》的超级成功，成龙大哥决定休息一阵子，专注筹备自己首部执导的电影《师弟出马》，这段日子跟着他的我，天天都吃好喝好，日子过得不亦乐乎。而且当年成龙待我也犹如亲弟，他买新衣服我必定可以选一件，后来他知道我想买摩托车代步但缺钱，便叫公司为我付头款（即首期）。**那时候的我可说是"一人之下、万人之上"**（除了经纪人陈自强）。我记得有一次跟当年嘉禾电影的其中一个老板蔡永昌先生[②]一同送成龙去飞机场，因成龙要出国做宣传。大哥上飞机后，蔡先生邀我一起在机场餐厅吃午餐，原因是他希望我能够帮忙从成龙家中的一大堆电影剧本里，抽出公司想优先开拍的剧本读给他听。

想想，堂堂嘉禾电影公司大老板邀请一个20岁小助理一起用膳？

就是一个字"飘"！

这样快乐的日子连续过了七八个月，终于等到成龙自导自演的电影《师弟出马》正式开镜（◎开机）……

还记得正式拍摄的第一天，我穿上簇新的衣服，还特地配上一对白色的皮鞋，昂首阔步踏入片场，没想到迎来的门外茶水女工的第一句话竟然是：

"陈公子，片场地方都很脏，你的白鞋子就完蛋了，你还是在办公室待着，有冷气较舒服！"

当时的我心想：阿姨，我不进去片场，怎么学习当导演？真是的。

平复心情后，我大步地踏入片场。

七十年代嘉禾片场

① 于占元为京剧名武生，清末生于京师顺天府（今北京），二十世纪四十年代在上海享负盛名，乃知名武戏教席兼后台武戏管事。六十年代在香港开办中国戏剧研究学院。门下弟子众多，桃李满门，包括"七小福"：元龙（洪金宝）、元楼（成龙）、元彪、元奎、元华、元武（周元武）、元泰等七人。其他的有元庆（袁和平）、元秋、元德、元俊（吴元俊）、元彬（陶周坤）、元宝（徐佑麟），以及林正英等。其女儿于素秋为当时的电影红星，七十年代移居美国；其长女于素春的夫婿韩英杰是当时的著名武术指导之一。
② 蔡永昌是影坛大佬，六十年代进入邵氏电影公司工作，1970年与何冠昌一起跟随邹文怀离开并组建了嘉禾公司。嘉禾公司一手捧红李小龙、成龙、洪金宝、许冠文等众多明星，并制作了李小龙系列、《黄飞鸿》系列、《甜蜜蜜》等优秀影片。

18 成龙大哥（2）
事与愿违

踏入《师弟出马》的片场，我满心欢喜地坐在成龙大哥身旁的另一张导演椅上，除了嘉禾的老板和电影的另一些主角之外，根本没有人胆敢坐在成龙大哥身旁，但我却习惯了，然而坐下来不够五秒，成龙大哥便跟我说：

七十年代摄于嘉禾片场

"今天我有一群日本粉丝来看我，我记得你告诉过我你曾在海洋公园工作，你替我带她们去海洋公园玩吧！"

我暗地里想，去海洋公园岂非要花上一整天？但我当然还是要照成龙大哥意思带他的粉丝去海洋公园。我觉得才第一天开工，心想《师弟出马》的拍摄期最少要三四个月，学习的机会还多着。

翌日，换了一双球鞋的我又一大早准时到达片场，才刚坐在大哥身旁不到五分钟他便说：

"今天韩国的粉丝也来了，你可否带她们去几个大商场购物？然后好好招待她们用膳，还有时间便带她们去半岛酒店喝下午茶。"

就这样，又过了一天……

第三天早上,我战战兢兢地步入片场,没想到成龙又对我说:

"有一辆新的美国跑车叫'野马'到了,有500匹马力,你替我去试试车,然后下午代我看一看一所新屋,这是陈自强为我找来的一间海边的房子,看看采光及窗外的景观好不好,代我去感受一下……"

步出片场,我知道因为大哥非常信任我,所以才放心让我替他处理这些私人事。

如是者,整整一个月了,我也没办法在片场逗留超过一个小时。想了又想,我也想不到埋怨的理由,因为他聘任我的工作是私人助理,而非副导演,他没有错,弄错的人是我!**思前想后,我鼓起勇气决定辞职!**终于等到有个主要演员受伤要停拍一两天。大哥有一个嗜好,就是特别喜欢速度的感觉,所以他的车大部分都经过改装。在改装车发烧友经常出没的呈祥道,路旁有凉亭,站在亭内可以俯瞰整个中环的夜景,所以这条也被情侣叫作"情场道",是出了名的拍拖胜地。当年的成龙也不过是25岁,血气方刚,而那个亭也经常聚集一群热爱改装汽车的年轻人。那一夜,驾着新车的成龙要我陪他去试一下新车的速度,追风的感觉。在等待的过程中,周边的车上都是一双一对的男女,我们的车被许多恩恩爱爱谈着情的情侣包围着。

在一个充满甜蜜氛围的晚上,我鼓起勇气向大哥说。

以下是我们的对话内容,我:"Jackie,我有事想跟你说!"

大哥:"什么事?"

我:"我想……我想……辞职!"

我终于把想说的话说了,空气在刹那间好像凝固了,时间也仿佛停顿了数十秒。

大哥:"我待你不好吗?"

我:"不是。"

大哥:"那你为什么要辞职?"

只有 21 岁的我，吞吞吐吐把心底话如实相告。

我："其实我离开电视台转到电影圈是希望未来可以学当导演的！"

说罢，不敢面对他的我，只能从后视镜观察他的反应，他做了一个极为不屑的表情，虽然现场没有人说话，但他的口形却好像在说：

"就凭你？"

然后，一切静止……

那一刹那转头看着隔壁车厢内卿卿我我的情侣们，我心里却很想哭（泪点从小就很浅）。我使力抓紧车门扶手，我告诉自己：不——能——哭！

时间又静止了不知多久。

大哥："好，告诉我，你认为你如何才能成为一个导演？"

我："我想从低做起，由场记开始……"

大哥听罢，想了一想便说：

"OK，下个月我会投资陈勋奇①第一部做男主角的电影，你就去那部戏里当场记吧！"

翌日，我回到公司，突然间整个世界都充满着冷嘲热讽，同事们以为我疯了，他们都认为我的决定很不理智。

大家都在高谈阔论：

"怎么那么傻，在皇上身边待着多好！"

"长相还行呀，回去当演员吧！"

还有一个平常看到我就像失散多年兄弟的制片在众人面前大声地说：

"你记住，场记是不能迟到的，不然你立马会被炒鱿鱼！"

我每次回想这些言词我都没有恨，反而抱着感激的心。

就是这样，一夜之间我由一人之下，变成了万人之下、无人之上。

---

① 陈勋奇，原名陈永煜，香港电影人，担任过导演、电影监制、演员、编剧、电影配乐等工作。

19 副导演的日子
拼命三郎

离开了大哥的电影公司后,我做了数部电影的场记,然后便跃升为副导演,那时候我才知道,一个好的副导演要为导演付出能力的所有,心无旁骛全心投入做好每一部电影。

每天片场里导演起码要回答一百个问题,但其实其中只有二三十个问题有必要去骚扰导演。**能做到一个好的副导演便是要替导演回答另外那七十多个问题,我的责任就是要让导演能够心无旁骛全心全意去导戏!**

所以能当上最好的副导演的都是拼命三郎。

试举一个例,当年许鞍华的副导演,就是后来成为大导演的关锦鹏,有一次,许鞍华为了取景走到一个湖畔旁边,她只是说了一句:

"不知道这个湖有多深?"

关锦鹏听到导演有此一问,即二话不说脱掉上衣跳进湖中测试水深。当然现在科技发达有其他方法测试,但——我们就是那么拼!

其实我当副导演的时候,也曾有过这样跟生死擦身而过的经历。

有关当副导演的惊险事情还多着，但也得要下回才继续分解，因为我想先分享在我的副导演生涯里兼任其他电影工作岗位的往事。

当年除了拍本土的电影，还会偶尔为沙龙电影公司接下一些外国的电影工作，印象比较深刻的，就是由日本导演柳町光男①执导、尊龙主演的电影《龙在中国》②。我在这电影负责选角的工作，其间认识了来自美国、年约50岁的副导演。他有30年副导演经验，我奇怪，他为什么自己不想办法当上导演呢？他却说很享受副导演的工作，还说这工作一旦开始了便回不了头，全因为在**美国的第一副导演有很大的权力——如果当天的工作未能如期完成，第一副导演有权代表制片"提醒"导演，而制片方有权停止拍摄；如导演一意孤行，制片人有权请第二组导演代为完成未完成的部分，当然用最简单而不费钱的方法，而导演必须继续往前拍剩下的戏。因为在美国拍电影是不能把当天拍摄的场景"顺延"到明天的，整个美国电影组加上工会的超时费用，每天的预算是非常庞大的！**

这一次的经验让我获益良多，除了学习到美国拍摄电影的制度外，也让我明白为什么美国电影要在正式开拍前六个月，让部分重

《天真有牙》拍摄现场

要的工作人员正式入组。他们是宁愿把钱花费在筹备的工作上，因为在这样准备充足的情况下，如期完成拍摄进度也是理所当然的事，这经历绝对影响了我往后做导演的思维，让我深谙前期筹备的重要性。

除了当选角，我也曾试过当电影制片，就是由邓光荣先生[3]的大荣电影公司[4]出品的电影《盟》。这部电影是由林燕妮小说改编，在当年而言，算是较为创新的电影，因为是由三个女导演分别处理三个单元故事，每人拍一段而完成的。但这一次经历让我知道制片这工作不适合我，每天大部分时间坐在办公室里对着一大堆数字，同时还要面对三位不同性格的女性导演，对一个第一次当制片而不太善言辞的我，感觉比拍摄动作电影还要困难十倍。

---

[1] 柳町光男（Mitsuo Yanagimachi），日本导演、编剧，毕业于早稻田大学法学部。1979年，执导个人第一部电影《十九岁的地图》，影片被杂志《电影旬报》评为当年十佳作品第七名。1983年，凭借剧情电影《再见吧！可爱的大地》入围第6届日本电影学院奖最佳导演奖。1985年，执导剧情电影《火祭》，该片获得《电影旬报》十佳作品第三名。1993年，执导爱情电影《爱在东京》，影片获得《电影旬报》十佳作品第七名。2006年，执导剧情电影《谁是加缪》，影片获得第18届东京国际电影节日本视点奖之最佳影片奖，入选《电影旬报》十佳作品。
[2] 《龙在中国》是由柳町光男导演，由尊龙、佐藤浩市、赛米·戴维斯及邬君梅主演的剧情电影。
[3] 邓光荣，人称"大哥"和"学生王子"，著名演员、制片人、导演。曾与张冲、谢贤、陈自强、陈浩、秦祥林、沈殿霞结拜，组成六男一女的"银色鼠队"。
[4] 1977年邓光荣与胞兄邓光宙合组大荣电影公司，拍摄题材以黑道居多，像《无毒不丈夫》《血洗唐人街》《怒拔太阳旗》《义盖云天》《江湖龙虎斗》。

20

《边缘人》
踏脚石

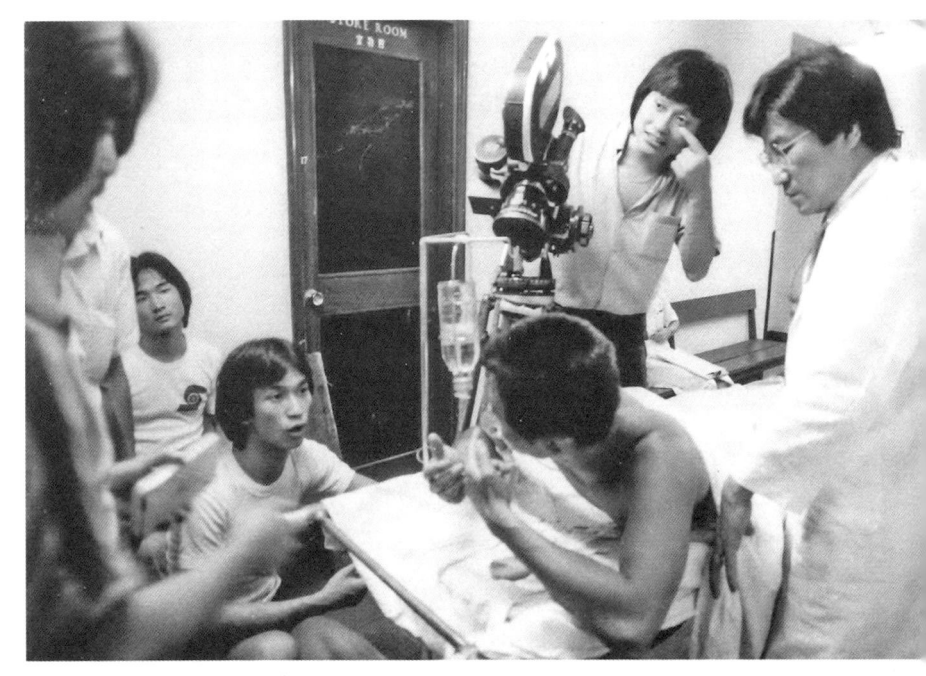

蹲着的是我，掌机的是章国明导演

　　副导演生涯当中，有一件事情绝对值得一提，这就是有机会参与章国明导演[1]的电影《边缘人》，这次的经历足以改变我往后的电影人生。

　　当年是泰迪罗宾把我介绍给章国明导演的。这件让我最感深刻的事，其实至今也不知道是好事还是坏事。就是因为这戏的投资方对角色人选非常谨慎，让男主角之位一直悬空，最后投资方的老板杨群先生[2]给了章国明最后的三个男主角选择：艾迪、汤镇业和陈德森。偶尔回想，如果当年我真的当上了男主角，可能早已离开了电影行业，原因是我根本不是演员的料。

言归正传，其实我真的要衷心多谢章国明导演，因为当年他非常热衷于摄影，所以无论文戏或动作场面都要两台以上摄影机拍摄，别忘记那是一个菲林年代，还没有即场回放功能的岁月，章导演对我特别信任，因为我从编剧、选角及主题曲都用心参与，故很多时候重要的场面戏，他拍完一个镜头都会回过头来问我意见，感觉好不好，因为他透过摄影机细小的 Camera Viewer[3] 看现场，是非常难看清楚演员的演出的。

题外话，也因为章导演经常询问我的意见，让资深演员金兴贤[4]对我这个黄毛小子甚觉反感，但深谙人情世故的章导演便解释，他需要顾及现场的一切：焦点、光线及演员的准确位置，为了电影出来的效果精益求精，所以必须要听取其他工作人员的客观意见，尤其是一个熟透剧本的我。而事实上，我在《边缘人》的参与度是前所未有地高，也多得章导演对我的信任，为日后立心当导演的我打下一支强心针！因为《边缘人》的关系，我明白到一个成功的导演真的要付出许多许多，就算不惜一切也得要完成心目中的影像。

其实，章导演也算是个电影狂人，记得在拍摄结局戏份时，我们需要在徙置区[5]连续拍摄三天。当天正在拍摄，突然台风到来，当时母亲身在国外，家里空无一人，我记得家里窗户没有关上，而拍摄现场已经狂风暴雨，我要求章导演准许我回家把窗关上，不然怕会水淹。章导演好凝重地低头想了想才回答：

"既然已经下了这么久的大雨，你现在回家情况不是也一样吗？"

台风当前，当然大部分演员都要求回家，章导演又继续妙语如珠地说：

"外面狂风暴雨，留在拍摄现场把戏拍完是最安全的！"

2019年，小弟得到章国明导演的邀请，出席他的电影回顾展，在台上我重提这旧事，弄得台下所有观众哄堂大笑。

---

① 章国明，电影导演、前无线电视编导。1982年凭《边缘人》获得第19届台湾电影金马奖最佳导演。他是七八十年代香港新浪潮30多个新晋导演中的一员。
② 杨群，加拿大华人，知名老牌演员，属邵氏兄弟元老之一。1970年他与妻子成立了凤鸣影业公司，曾以监制和导演身份从事电影创作。其作品《庭院深深》和《忍》分别获第9届金马奖优等剧情片和第11届金马奖最佳剧情片。杨群曾四次获提名金马奖最佳男主角，并在第7届（1969年）和第11届（1973年）获得此殊荣。现居美国洛杉矶。
③ Camera Viewer 是附带在摄影机上的屏幕显示器。
④ 金兴贤，香港电视剧和电影演员，于1972年进入第1届无线电视艺员训练班而出道，1982年凭《边缘人》的演出获第19届金马奖最佳男配角提名，其代表作品有《民间传奇》《公仆》等。
⑤ 徙置区，第二次世界大战结束后，逃难后回流人士和新移民纷纷来港，人口急剧增加，各处山坡迅速布满僭建的寮屋。这些房屋以废木和铁皮等物料搭建，经常受到火灾威胁。1953年的圣诞夜，石硖尾寮屋区发生大火，约58,000人痛失家园，大量灾民无处栖身。政府立即把部分灾场夷平，兴建两层高的平房以临时安置灾民。但这并不足以解决灾民的长远住宿问题，政府旋即决定以钢筋混凝土建造更牢固的房屋。首批共八幢六层高的徙置大厦于1954年年底建成。

21 回归电视台 故事人

在当副导演期间，我曾于1985年回到亚洲电视[①]（前身为丽的电视）编剧组工作一年，身份是故事人[②]。

故事人的日常工作就是把每一集的电视剧先做一个分场，故事被编审[③]通过后才开始写剧本，我也不知道当时的我哪来这么多的想象力，可以每一天为一集电视剧做分场而连续三个月不眠不休不放假。曾经参与的电视剧有《热线999》，以及收视高达27.8点[④]的灵幻剧《天灵》，这剧集开创了灵异鬼神的剧种，为什么这么说？是因为我们把所谓的鬼神编写成其实是外星人。虽然收视成绩非常理想，但公司也是因为这个原因，竟不容许我及团队放假，让我几乎晚上做梦也在想剧本，所以最后还是决定回去当电影副导演，好让我喘口气！

《天灵》电视剧片头字幕

后来，我辗转去了一间规模庞大的电影公司，重新当上副导演，却因为年少气盛而开罪了一位电影公司高层，从此被封杀，没有工作也因此没有任何收入。

　　在山穷水尽的时候，电影《边缘人》编剧张键先生[5]因该片获得了金马奖最佳编剧，因此他邀请我去台北为他负责的电视剧做故事人工作。初到台北的我身上穷得只有3,000元港币，租房子已花掉了2,000元，情况可说是捉襟见肘，更甚的是，因为台北电视圈从没有故事人这个岗位，所以有人反对聘用我，因为我的薪酬是从编剧预算里扣除的，而当地的编剧制度通常是一个编剧自己就可以包下写30集剧本，我的加入变相分薄了编剧的收入。

　　幸好，我在台北工作时也认识了不少有名气的幕后电视人，而他们都乐于帮助我，尤其著名武侠编剧、导演及制片人张信义先生。

　　没想到这趟台北之旅，竟然种下了我当上电视剧导演的机会。

　　后来，因为签证问题，我只逗留了三个月便必须回港补签。

　　但回来之后又是另一个故事……

---

① 亚洲电视有限公司，前身为丽的映声及丽的电视，是一家免费电视台，于1957年5月29日启播，成为全球华人地区首间电视台。1982年9月24日邱氏入主而将丽的易名为亚洲电视，并采用金钱为台徽。亚洲电视于2015年不获续牌，2016年4月2日凌晨零时牌照期届满，停播本地的免费地面电视广播频道，正式结束了58年309天的电视广播历史。

② 故事人的工作不是写剧本，而是发展剧情，写出每集的故事大纲及分场。

③ 编审（Script Supervisor）是香港电视台在电视剧制作中独有的名称，正式名称为"剧本审阅"，也简称"剧审"，但行内人大多称呼为"编审"。在香港的电视台，编审多是由经验丰富的编剧晋升的，是剧本的掌舵人，负责带领一班编剧创作整套剧集，既要负责制定方向，也要做出最后决策，剧本上有任何错漏都要负责。

④ 1978年起，无线电视和丽的电视（及其后身亚洲电视）与市场研究公司（SRG）合作，以市场研究公司提供的"电视观众研究报告"作为收视数据的参考，每一个收视点代表总电视人口的百分之一。八十年代香港只有两个电视台，《天灵》27.8点的收视率于当年而言算是一个创举。

⑤ 张键，又名张鲁键。1969年进入电影界，最初在永华制片厂做灯光与摄影助手。1971年至1975年间曾先后在协利、邵氏、长弓、嘉禾等电影公司做场记与副导演。1982年为章国明导演的《边缘人》编写的剧本获第19届金马奖最佳原著剧本奖。1989年到新加坡电视台工作一年，策划创作破收视纪录的长篇剧《钻石人生》。1999年创办电影网站，在网络上发表电影理论研究。他现为自由剧本策划与电影理论研究者。

22 《卫斯理传奇》
生死关头

于尼泊尔一万英尺[1]高山上拍摄《卫斯理传奇》

因为签证问题，我必须回来。

在等候续证期间，曾在电影《边缘人》工作时认识的泰迪罗宾导演[2]主动找上了我，请我当他新片的副导演，原来他正准备开拍由倪匡先生[3]的小说改编成电影的《卫斯理传奇》[4]。电影由许冠杰、王祖贤和狄龙担演。在当年而言，《卫斯理传奇》的制作费是非常地高昂，而且也算是本土首部充满高科技的电影。

这让本来打算回台北当故事人的我改变初衷,虽然我很享受在台北被认可的感觉,但《卫斯理传奇》的拍摄除了在台北,还将去尼泊尔和埃及等国家实地取景,这对于20多岁的我来说,实在是一个难得的机会,因为如非拍电影的话,我怎会有可能踏足尼泊尔和埃及这两个充满神秘色彩的国家?

我没过几天便接了这份工作,加入拍摄团队。

没想到,《卫斯理传奇》会为我的副导演生涯添上一个永不忘记的冒险经历,因为**在拍摄的过程中,我两次跟死亡擦身而过**……

第一次跟死亡有近距离接触的地方是在花莲[5]勘景。

当时导演泰迪罗宾、摄影师鲍德熹[6]、武术指导柯受良[7]及一些重要工作人员,连我在内大概七八人,在花莲的秀姑峦溪[8]的急流看景。公司本来特别聘请了导游来协助我们,但当地的导游公司为了隆重其事,竟然另外派了公司经理来全权负责这件事情,反而没有让真正的导游来协助我们。

秀姑峦溪总共有24处急流,我们坐船出发,沿途已经经历了6个急流处,但都平安无事,水流一点都并不汹涌,感觉上,秀姑峦溪的急流也不外如是,就连经理也因为没法让我们见识到急流的磅礴及危险度而感到颇为失落。

花莲秀姑峦溪勘景现场

其实也难怪他，这位经理平日都是在办公室上班，所以根本没有实地经验。当船驶到第七处急流时，水流一下子变得很急，浪也变大，经理一直坐在船头面向着我们、背对着溪流，突然一声巨响，原来船撞到了大石，经理瞬间即被抛出船外，然后跌入急流里，而我就坐在最接近他的位置……

那一刹那，我看到他那一张惊惶失措的脸拼命在水中挣扎大叫，就在千钧一发间，情急的我扑向前，一手紧握着船边，另一只手伸入溪流里抓着经理的西装领子，也不知道哪来的神力，我竟然一手把经理从水中拉回船上！

船终于回到岸上，但我的手足足有六小时不能动弹，之后还红肿得像元蹄一样，这可能就是人们称之为突如其来的无情力。

第二次的生死关头的拍摄地点是在一万英尺高的尼泊尔山上，山上的空气本来就很稀薄，我们要在呼吸困难的情况下工作，还要抵抗零下20多度的气温。晚上御寒被子根本就不足够，我又习惯晚睡，就索性去民宿的饭堂坐在壁炉旁喝茶取暖，因而认识了在电影里负责驾驶小型飞机拍摄的印巴籍机师，他还请我喝接近50度酒精的伏特加酒，说喝了特别暖和，这酒浓度之高，倒在桌上点上火可焚烧良久。正所谓酒逢知己千杯少，我们自然地成了好友。

来到最后一个拍摄天，**也是许冠杰患高山症**⑨**的同一天**，由于天气非常恶劣，拍摄进度变得很缓慢，但我们必须要在这一天完成反派骑着骆驼追驾小型飞机的主角许冠杰的一场大型动作戏。

正当骆驼和小型飞机都准备就绪之际，飞机师却不愿起飞，制片组跟机师和控制塔了解后，知道当时的风速甚高，而且风向是迎面吹向飞机起飞的方向。我们没有任何的航空知识，当然不晓得情况是有多么危险，但导演坚持要在这一天内完成该场重头戏，制片与导演开始争论，机师又不明白我们用中文在争论什么，最后机师

愿意妥协帮我们完成这个镜头,并用英语和制片组同事说:

"我愿意冒一次险,但你们要派一个人来陪我!"

机师才刚把话说完,全部同事包括导演都同时看着我,原因是我和机师每晚喝酒聊天份属老友,这个任务自然非我莫属!

年轻人就是不知天高地厚,为了完成这场戏,我竟欣然答应坐进飞机里。在飞机关上门发动引擎高速向前滑行之际,机师跟我说了一句:

"Good Luck!"

飞机顽强地迎向巨风骤然起飞,在半空中的飞机不住抖动,那一刻的我才知道自己是名副其实的身陷险境,机师却只绷紧脸握着对讲机与控制塔紧张地对话,而三魂不见了七魄的我,感觉飞机不是在飞行而是和巨风在角力,感觉我的灵魂已经出了窍……

与此同时我的对讲机传来地面工作人员的欢呼声,把我的神智一瞬间唤回人间,我隐约听到导演说镜头拍得非常成功,但空中的我感到飞机外的风速仿佛要把飞机撕裂。突然我整个人向下滑,我看到飞机正迎向一座高山,机师不断用力拉起飞机轮盘,努力地想让飞机爬升,但飞机像是不受控般地被大风推向山峰中,机师又神色凝重地跟我说了一句:

"Good Luck!"

然后他突然伸手把引擎关掉,我看着左右两边机翼上的螺旋桨瞬间停止运作,整个世界仿佛静止得只剩下飕飕的风声,我的泪水徐徐落下,脑海里传来数支慢歌及和家人相处的画面,依稀记得当时的我是在跟他们道别。

其实机师关掉引擎是不想跟巨风对抗,他想用滑翔的方法避免跟巨风抗力,我听到他自顾自地和控制塔对话,内容是一些数字,好像用英语从 60 一直倒数念到 30 后,便马上把引擎重开,然后他再用力把控制杆向上拉，估计是风速已变得没有那么强劲吧，就在最惊险的一刻，机师成功把飞机绕过山峰顶往回飞。

飞机安全着地后，现场一片欢呼声，所有人都跑来想拥抱我，我一一把他们推开，独个儿闷声跑回民宿。

接下来一整天我没有吃饭，也没有跟任何人说话。

当时我在想，这样惊险的场面好像在荷里活（◎好莱坞）电影《007铁金刚》里看到的一般，怎么现实生活也会发生呢？

---

① 1英尺≈0.3米。——编注
② 泰迪罗宾，本名关维鹏，英文名Teddy Robin，知名歌手、词曲作者、电影人及演员。六十年代中热爱音乐的Teddy与朋友组成乐队参与著名DJ"Uncle Ray"的电台表演节目后，备受滚石唱片欣赏，成为第一个全华人摇滚乐团Teddy Robin and the Playboys的主音歌手及吉他手，风靡当年全港乐迷。其后演出第一部电影《爱情的代价》。同时学习电影制作。七十年代末期从事电影制作，泰迪罗宾在1979年监制第一部电影《点指兵兵》，该片获得非常好的口碑和票房，先后是珠城电影公司、新艺城电影公司的重臣，又成为好朋友电影公司、友禾电影公司、泰影轩电影公司的老板之一。
③ 倪匡，知名作家、编剧、节目主持人，被喻为"香港四大才子"之一，亦是女作家亦舒的兄长，先后使用过的笔名包括：卫斯理、沙翁、岳川、魏力、衣其、洪新、危龙、原振侠。倪匡是著名的科幻小说作家、剧作家、评论家。写作范围甚广。作品包括《卫斯理系列》《原振侠系列》《女黑侠木兰花系列》等。
④ 《卫斯理传奇》是1987年上映的电影，改编自倪匡的同名科幻小说《天外金球》。
⑤ 花莲县位于台湾本岛东部，境内有北回归线通过。花莲县是台湾少数民族最多的区域，以第一大部落阿美部落分布最广。此外，花莲县曾在2013年荣获"国际宜居城市奖"D类第三名，在本次评选中，全台仅花莲县和新北市入围。
⑥ 鲍德熹，铜紫荆星章获得者，本名鲍起鸣，电影摄影师，著名演员鲍方之子，亦是著名演员鲍起静之弟。曾六度夺得金像奖最佳摄影奖，2001年以《卧虎藏龙》获得奥斯卡最佳摄影奖，亦是第43届金马奖最佳摄影得主。
⑦ 柯受良，以挑战极限著称的著名艺人，绰号小黑、亚洲飞人。他曾经驾驶摩托车飞越万里长城及西藏布达拉宫，1997年6月1日驾驶汽车飞越黄河的壶口瀑布以庆祝香港回归，有"亚洲第一飞人"的称号。生前曾计划飞越长江三峡，但未能如愿。
⑧ 秀姑峦溪位于台湾东南部，在1981年左右开始发展泛舟活动，目前依然是泛舟最兴盛的区域。由于泛舟河段位于秀姑溪下游，水量充沛，而且无人为污染，水质良好，河道地形陡竣，平均坡度是1/34，为全台河川最蜿蜒，沿途有无数激流、漩涡与险滩，全程充满挑战与刺激感，故全年皆为泛舟季节。
⑨ 许冠杰于尼泊尔拍摄《卫斯理传奇》而患高山症。因为空气稀薄和气温常处于零下24度的缘故，当地人是用烧炭的方式来取暖，许冠杰穿上羽绒外衣盖两个被袋也不能和暖入睡。而这个地方的旅馆房间都有很大的窗缝，大家也奇怪：这样寒冷的天气，为什么留有这样大的窗缝？原来这是为了通风换气而故意这样设计的，而许冠杰却把门缝和窗缝密封，再加上连夜烧炭，故使室内缺氧，他就在最后的一个拍摄天因缺氧而陷入昏迷，幸好摄制组的工作人员及时发现。

23　末代最后一个副导演　侮辱变鼓励

九十年代，香港电影的知名度及产量全世界排名第三。为什么这样细小的地方也能跻身国际、名列前茅？全因为在这块小小土地里的电影人是团结一心，互助互利，大家喜欢良性竞争，就算这样细小的地方，也出现电影产量无数的新艺城[①]、嘉禾、德宝[②]、宝禾[③]、拳威[④]及永佳[⑤]等电影公司，这是一个电影圈百花齐放的年代。

还记得，当年我们一群年纪相若的电影工作者大概20来人，很多时候下了班都喜欢聚集在九龙尖沙咀赫德道的一家叫 Rick's Café 的餐厅，由 Happy Hour（欢乐时光）开始，大家聚在一起聊聊天喝喝咖啡或啤酒，互相探讨如何解决各人工作上的难题，一方面可以传递业内信息，一方面联谊交流，当年关锦鹏导演也是座上客。

我是在八十年代中才开始当副导演，来到八十年代末，这一群电影工作者都有很大的变化，有些制片转职当上策划；有些副导演和编剧纷纷跃升为导演，这是因为当年的电影工作者，经常都会在同一个电影剧组里或一直协助同一个导演工作，形成一个惯常合作的班底。当我们专注的电影得到成功，领导便会提拔长期跟在自己身边的后辈，情况有点像师徒制，师傅成功徒弟便能有晋升的机会，也是这个原因，大家都专心一意为同一个导演或监制工作。

Rick's Café

4 Hart Avenue, Tsimshatsui, Kowloon Map Position: 35-R
       11:30-am/1:30-am Monday-Thursday Telephone:
HOURS: 11:30-am/2:30-am Friday-Saturday 3-672939
       3:00-pm/12-midnight Sunday

CASABLANCA IS ALIVE AND WELL IN HONG KONG.

Rick's Café, with all the style of the original. And more. Hong Kong's most renowned Jazz-Rock venue, serving the coolest, tallest drinks, and the tastiest Mexican snacks this side of Casablanca.

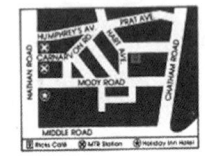

Rick's Café

　　可能我比较缺乏信心加上好学的缘故，没有只跟随一个剧组或导演，因为我总是希望能学习及吸取更多不同导演的创作风格和拍戏经验，我多年来跟过的导演有：章国明、泰迪罗宾、黄志强、程小东和徐克，等等。直到八十年代末，我仍然是副导演，但我多个电影工作者朋友都已经由副导演变成导演。

　　深深记得有一次，我们又在 Rick's Café 聚会，其中一个跟我同期出道的副导演已跻身导演行列的同辈，他当时拍了一部颇卖座的电影，席间他当着大伙面前以半开玩笑口吻对我说："**你东家做一下，西家做一会，常常漂浮不定，这样下去你是很难会成功的！**"然后他带着讽刺语气跟我说："现在我可以帮你一把，如果你认真听取我的指示,我便替你向公司提出让你拍一部成本低的小制作电影。"他的语气和表情就像是等着我去求他,但我只是轻描淡写地回答他一句:"我还未学习够,而且我不急着当导演。谢谢你的好意!"他喝了两口啤酒后有点不屑地指着我大声在众人前说:"**大家听着,我隆重地向大家介绍我们这位末代的最后一个副导演——陈——德——森!**"接下来,大家发出既可怜又带点同情的笑声。来到今天,我写这本书的当前一刻,在当晚的20多个人里,如今只剩下大概三位朋辈仍然活跃于电影行业。

有时候在现实生活中听到这些较难堪的话,往往成为我之后电影里的台词。我之所以要旧事重提,并不是想借机侮辱任何人,我只是感恩我现在小小的成就虽然来得比他们都晚,却让我更懂得珍惜现在所拥有。

---

① 新艺城影业有限公司是八十年代香港主要的电影公司,由黄百鸣、石天、麦嘉等几个电影发烧友组织起来,公司在1991年一度结业。创业作为《滑稽时代》(1980,吴宇森导演),最后一部电影为《蛮荒的童话》(1991,卢坚导演)。曾经制作、发行的电影有《最佳拍档》系列、《英雄本色》系列、《监狱风云》系列、《开心鬼》系列,等等。其中不少重要人物都在电影圈独当一面。
② 德宝电影公司是八十年代中到九十年代初期香港一家重要的电影公司,1984年潘迪生想创办电影公司,找其好友岑建勋商议,岑其后再找来洪金宝一同创立(德宝一名更由洪金宝提议)。1985年接手邵氏院线成立德宝院线,迅速壮大,德宝电影和嘉禾电影、新艺城并列八十年代香港三大电影公司,但于1992年结业。
③ 宝禾影业,1977年由洪金宝等人创建,被称为洪家班,成员包括洪金宝、元彪、午马、林正英、孟海等。
④ 拳威,成龙第一家自己的电影公司。
⑤ 永佳电影公司于1981年成立,创业作是洪金宝自导自演、与陈勋奇合演的《提防小手》。

24　强大的求知欲　儿童片到情色电影

江龙导演执导的《细圈仔》拍摄现场

纵然我副导演之路并不特别好走，但这些经验和历练却让我受用终身，尤其是章国明导演，他建立了我的信心，而另一位徐克导演，我在他身上学懂了很多有关电影创作的概念和随机应变的能力。

还记得最初加入电影圈当副导演，是因为我曾经在丽的电视台跟随过的两位前辈，梁立人[①]和江龙[②]，他们来也离开电视台成立了"立人电影公司"，我便参与他们的创业作，随后也帮了他们接下来的几部电影，都是以"小孩"为主题。**电影行业里大家常说：临时演员、小孩和动物是最难搞的。**

江龙导演执导的一部戏叫《天真有牙》，戏里共有五个小朋友，其中有个五岁的男孩，他顽皮的程度我难以用言词来形容，有一场在海滩拍摄，这小鬼一直用沙来扔别人，我过去劝他，我说："沙子很邋遢，很多人踏过……"

他随即两手各抓起一把沙子往嘴里啃。他就是演员尹子维。

多部小孩的影片拍下来也学会了另一件事，小孩的戏别放在午夜后拍，一旦他们困了，他们的生理时钟是没法把他们叫醒的。

当副导演时有许多机会学习如何去调教小孩子演戏，这些经历巩固了我未来当导演时处理拍摄小孩的能力。

随后，我有机会跟随黎大炜导演③的两部电影当副导，第一部是1983年拍摄，由陈惠敏④和日本演员新藤惠美⑤

《狂情》拍摄现场，（中间）新藤惠美女士，（右一）陈惠敏先生

主演的《狂情》。那是香港电影最辉煌的年代，演员都很忙，一天有时候赶两组，有些大腕几乎要到开拍前一刻才正式进组。但这位日本演员新藤惠美演陈惠敏的情人，剧情写他俩的感情非常纠结，所以**新藤小姐坚持电影开拍前一周便进入剧组，更要求拍摄之前三天与对手陈惠敏相处**，是那种三天从早到晚的相处，新藤惠美解释这是因为她首次为香港电影演出必须全力以赴。把她这个情人的角色演活，所以不希望待到开拍时才在片场跟陈惠敏正式认识才开始暖身（◎热身）。这种早一点跟对手交流以便入戏的态度非常值得我们学习。

这一次的经历，除了让我见识到日本演员的专业，还让我明白到演员的互相交流对电影的重要性。

---

① 梁立人，铜紫荆星章获得者，原籍广东。来港后报读第一期无线电视艺员训练班，毕业后一年转任编剧，及后成为影视界的编剧，也是中文电视业的资深电视人、电影人，影视创作人，香港现代戏剧（电视剧、电影）创作鼻祖。曾创作、主理了上百部经典中文电视剧，如香港电台电视部的《塞拉利昂下》《小时候》，亚洲电视的《大地恩情》《变色龙》《大内群英》《我来自潮州》《我和僵尸有个约会》等，无线电视的《绝代双骄》《僵尸奇兵》《大运河》《成吉思汗》等，新加坡电视剧《人在旅途》《雾锁南洋》等，华视电视剧《包青天》等，是首屈一指的编剧家，被称为"金牌编剧""香江戏剧神笔"。
② 江龙，六十年代从上海来港发展，加入长城影业有限公司，江龙是该公司当年的小生之一。
③ 黎大炜，导演、编剧、演员、制片人。中学毕业后加入丽的呼声工作，参与多部电视剧的制作，1982年首次执导电影《靓妹仔》，1983年被提名金像奖。曾为宝和电影公司担任监制，于1991年成为天幕电影公司董事。
④ 陈慧敏，动作演员，自幼习武，曾代表香港获得东南亚拳赛冠军。1972年参演电影出道，1983年凭借电影《杀人爱情街》被提名当年香港电影金像奖"最佳男主角"。
⑤ 新藤惠美，日本演员。1949年出生，1964年进入演艺界，参与知名电视剧《姿三四郎》的演出。八十年代到香港拍电影，走性感路线。

25 徐克（1）
电影狂人

我与铁甲人合照

　　我的副导演生涯里，大部分时间都是在一幢位于旺角的大楼叫"始创行"①里工作，这幢楼里起码有七八家电影公司，有新艺城电影公司、永佳电影公司、立人电影公司及电影工作室等等。

　　光是在新艺城电影公司因一部电影《卫斯理传奇》，便让我待上了两年有多。

　　正当《卫斯理传奇》拍摄得如火如荼之际，我亲眼目睹**徐克**为了吴宇森导演跟投资人争取完成

《英雄本色》所费的心力，如果没有徐克，《英雄本色》可能会胎死腹中。

几经波折，《英雄本色》终于拍成，而且获得空前成功，甚至轰动全东南亚，让我那刻很想去徐克工作室学习。机缘巧合的是当年另一位电影界巨头岑建勋推荐我担任《铁甲无敌玛利亚》[②]的副导演。

《铁甲无敌玛利亚》是著名摄影师钟志文的第一部执导之作，岑建勋和徐克除了参与演出，二人还是电影的联合监制，但就是因为两大电影巨头同时助阵，有时候会让钟志文感到非常头痛。因为徐克每天会在拍摄现场把剧本从头修改一遍，在时间紧迫的情况下，工作人员包括我根本难以配合现场的临时拍摄需求。后来我才知道临阵改剧本是徐克的独特习惯，因为他总喜欢在拍摄现场拿取灵感，还清楚记得，当拍完《铁甲无敌玛利亚》的第一场戏，在下班的时候，作为副导演的我主动要求跟**徐克核对未来一星期的通告**之际，对方劈头一句："你是否第一天入行？"

直觉上，他这一句话，仿佛在斥责我是一个完全不称职的副导演。但在过去的十年里，每一个跟我合作过的导演总会邀请我参与他下一部电影的拍摄工作。

当其一刻的我，除了感到莫名的屈辱，也教我丈八金刚摸不着头脑，因为我实在想不出自己到底在哪里出了错。反正当时是香港电影最繁盛的年代，无论是幕前的演员，抑或幕后的工作人员都求过于供，拍电影的机会多得是，最多不干罢了，反正此地不留人，自有留人处。但我心里却暗自决定留下来把这工作做好，也视作一个新的挑战。

年轻就是有一种傻劲，心里想着今天你挑剔我六件事情做得不好，那我明天就只犯错五次，直到六天后我一定会把所有事情都做对。年轻好胜加上不服输执着的我，决定挑战徐导演；还有另一个让我非得要留下来的原因，那就是徐克的急才，正如前面提及的，他是一个很喜欢现场发挥灵感的创作人，别人觉得是苦差，我却视之为新教材。

每天在拍摄现场，我就看看他有什么要求是我办不到的。

大家可能觉得我夸大其词，事实上，徐克在拍摄电影《城市特警》③时，便差点把这部戏的制片逼至思觉失调，事缘他明明落实要拍一场汽车的追逐戏，却在拍摄前一夜的凌晨12时通知制片，他要将原本的汽车改成双层巴士，但拍摄就在八小时后，一切如箭在弦，大半夜里制片何来找得到一辆双层巴士？虽然我当时是在另一组戏上，但我却协助制片把双层巴士找到，当天中午出现在现场。

终于，《铁甲无敌玛利亚》拍摄完毕，导演钟志文从此退出电影行业，他的退出是否跟这部戏有关无人知晓，但我倒是以策划合约的形式加盟到徐克工作室，除却担任副导演外，我还替他处理公司所有其他电影上的大小事务，例如在电影《天罗地网》④担任编剧工作……

值得一提的是在拍摄电影《棋王》⑤的时候，我跟徐导斗法已斗了好一段日子，我发现本土电影界除了王家卫，其实徐克也喜欢开创作会时戴上墨镜，是因为他一方面闭眼休息（因为他晚上不爱睡觉），另一方面可能编剧提供的说法根本不是他想要的。我已仿如他肚子里的一条虫。

有一次，我乘着电影《棋王》里一段棋王斗九个高手的情节笑着问徐克：

"你找这么多著名大导演来公司合作，其实你就是棋王？"

听到我的提问，徐克戴上墨镜，笑而不语地拂袖而去。

后来，我在徐克《倩女幽魂》⑥的导演组工作了十天便离开了他的工作室，这也是我跟徐克最后合作的日子。

---

① 始创行，即现在的始创中心，位于香港九龙旺角弥敦道750号，为一个写字楼及商场综合项目。当中始创行的圆拱形顶为其建筑特色，后来重建为楼高23层的商场及办公室大厦，于1995年落成，由九龙建业有限公司开发。
② 《铁甲无敌玛利亚》是1988年的电影，由钟志文导演，徐克监制，梁朝伟、叶倩文、林国斌、林正英、岑建勋、徐克主演。故事描述发生在香港的机器人故事。
③ 《城市特警》是1988年上映的电影，由杜琪峰、金扬桦联合执导，李子雄、黄衍蒙等共同主演的警匪动作片。影片讲述了重案组辣手神探黄维邦追查救命恩人缩骨谢离奇被杀案的故事。
④ 《天罗地网》是1988年上映的电影。由香港钜星影像发行的87分钟动作影片。该片由黄志强执导，郑少秋、梁家辉、李子雄、李美凤、徐锦江等主演。该片讲述了1926年军阀混战时，几名士兵丁君壁、张楚凡、刘福广和曾超正被敌方的军队俘虏，遭军官希于庭的毒打。战争结束之后，他们之间又发生一系列恩怨情仇。
⑤ 《棋王》是严浩、徐克导演的一部电影，故事融合了阿城与张系国的两本同名小说《棋王》的情节，讲述了台湾电视节目《神童世界》主持人为了挽救下滑的收视率，托香港好友程凌寻到一个五子棋神童王圣方，而令程凌回忆起20多年前他在内地遇到的一个"棋痴"王一生的故事。本片由严浩于1988年于台湾开镜，期间曾多次易角，至1990年徐克接任导演并续拍剩余戏份，演员阵容才得以确立。
⑥ 《倩女幽魂》是一部香港制作的鬼故事系列电影。第一集《倩女幽魂》是在1987年拍摄的，徐克监制、程小东导演的灵异电影经典作，采取全新的特技和美术手法来包装传统的聊斋故事，张国荣、王祖贤、午马、刘兆铭等人的造型和演出及黄霑撰写的几首电影插曲，使本片呈现出与往昔鬼电影全然不同的感觉。故事由《聊斋志异》中的《聂小倩》改编而成，上映后大获好评，并掀起古装鬼片的风潮。此片亦扬威海外，为热爱香港电影的东南亚和欧美人士推崇备至的电影之一。王祖贤亦凭此风靡亚洲，红极一时。

26 徐克（2）放饭

为什么称徐克做电影狂人？他狂在哪里？

让我跟大家举一个例，当日为了拍摄《铁甲无敌玛利亚》的杀青戏，我们找到一个停用很久的垃圾焚化炉作为拍摄场景。早在取景时，大部分工作人员已被焚化炉的异味弄得呕吐不已，我也好不到哪里去，每天下班带着奇臭无比的身躯回家，我母亲不让我进屋，坚持要我暂住酒店。

剧组要连续在这个地方工作十多天，其间几乎都没有回家，只是日以继夜又夜以继日地拍摄，每天只能在现场偷偷睡数小时，就算偶尔可以离开拍摄场地，也是有家归不得，只得到公司附近的小旅馆梳洗，情况一直维持到电影的结局拍摄完毕，我们期待着徐克宣布接下来大家可以休息一两天，但他竟然这样说：

"辛苦大家，你们先回家梳洗一下，两小时后回到公司开始剪片！"

回到公司，他老人家已在。

我打着呵欠走进剪片室，徐克便问我：

"年轻人，扛不住？"

他到底是一个正常人吗？

徐克（左一）

众所周知，徐克拍戏经常忘记放饭，即无论拍摄时间有多长，他都会忘了给工作人员用膳的时间。

有一次在一个渺无人烟的石矿场里拍摄，其间每天由大清早六时开始拍摄到日落西山，时值寒冬，而徐导到了中午又忘了放饭，每次跟他说到了用膳时间，他都说拍罢这一个镜头才让大家吃饭，很奇怪的便是往往"这一个镜头"都是难度很高的镜头，等拍罢又是三小时之后的事，就这样，所有的工作人员每天只能在寒冬里啃着冷冰冰的饭盒（◎盒饭）。经常胃痛的我，为了应付不准时放饭的徐克，身上总是常备一个小面包以备不时之需。

终于，徐导演也领悟过饥饿难堪的一次！

有一天，他一大早来到拍摄现场便对我说：

"我忘记吃早餐。"

到了快中午时分他叫着我：

"今天早点放饭！"

我用诧异的眼光看着他说：

"老板，我今天没有叫制片买饭。"（其实我早已叫大家自备午餐便食！）

他问我：

"为什么不买？"

我的解释是："老板，我也是替你省钱，工作人员那么多，一顿饭好几千块，另外每天为了拍完那个镜头都是很晚才放饭，饭盒放凉了便没有人愿意吃，工作人员都宁愿自备食物！"

他的表情有点扭曲。

我苦忍着不笑随即说：

"在山下的公司车里我有一个面包，你想吃吗？"

他连声说了五声的"好"，证明他真的很饿。当时的气温大约只有五度，我暗地里用对讲机命场务先把面包放在车外任由冷风吹，然后再命人下山去拿面包。这个一拿，来回也得要一个小时。与此同时我又安排每个工作组的同事分别静悄悄去吃饭，我知道只要有一大群人在徐克面前走来走去，他便会感到现场是在继续运作没有停顿。

就在大家都在角落里吃着热腾腾的饭盒时，徐克的面包终于送到。他迫不及待把面包往口里送，却发现面包硬得像石头，根本咬不动，他无奈地看着我，我装作思考了一下便提议用热水把面包泡软再吃。

说到这里，机灵的徐克发现周遭的工作人员都在偷笑，他把我拉到一角问：

"你们是否串通其他人在整我？"

我语重心长地解释：

"现场有许多部门，灯光、摄影组、场务及道具组都需体力活，不吃饭没力气，其实也影响工作进度……"

我还没有把话说完，脸臭臭的徐大导已抢着说：

"好了，好了，明天你说什么时候放饭便放饭吧！"

不过这几年徐克导演的身体也不如以前，可能因为当年捱坏了，已经没有"不放饭"的习惯！

其实八九十年代这种电影工作者的拼搏精神，也不止徐先生一人有！

27 《我老婆唔系人》处女作

之前提及过,我跟郑丹瑞是识于微时的好朋友,其后我们离开了丽的电视,各自加入了电影行业。

某一天,郑丹瑞来电约我喝咖啡,见面时告诉我他和陈嘉上①、陈庆嘉②及叶广俭③四个人成立一家电影公司叫"全人制作社"④,他们和嘉禾电影公司签了两年的合约,共要制作四部电影,虽然他们的创业作《小男人周记》⑤叫好叫座,但却因为创作缓慢,故他们觉得接下来未必能如期在两年内完成四部电影。郑丹瑞告诉我他第一时间便想起我,可能是因为胶纸座的流血事件,他感觉有愧疚于我,于是便请我为他们执导一部电影。在此也再一次谢谢他给予我首次担任导演的机会。

当年我属于一级副导演,每个月的薪酬已经有4万元左右,属于高薪一族。

我也和我母亲一起买了房子,由她先付房子的头款,然后让我每月负责供款。接拍这一部电影的导演费只有12万,但我感恩终有机会当上导演,只是意想不到的是电影竟然拍了两年多!其中一个原因是开拍前一周编剧把剧本彻头彻尾地大改——因为编剧陈庆嘉同时也是这部电影的监制,而我这位监制兼编剧也是神出鬼没,经常躲起来写剧本。圈内也众所皆知他的创作一向较为缓慢,

《我老婆唔系人》开镜拜神

有时甚至会在拍之前才把当天的剧本传真给我,所以我整部戏的所有拍摄现场都必须有传真机的设备。他也是一个喜欢临场发挥创作的编剧,所以每天到了现场,演员如果问我今天拍什么,而我能做的就是看着面前那台传真机……等!

我的焦虑症应该从那个时间开始的。

我在组里几乎每天需要抽上四包烟,其实是因为当点上烟那刹那,看着一股徐徐上升的烟缕,仿佛可以掩盖我那无助及越来越没有自信的眼神……

接下来的拍摄又遇到另一个难题,因为三个月的拍摄期已超出,我们的男主角梁家辉接了另一部电影《情人》[6],该电影的法籍导演要求男主角于电影开拍前两个月去法国及越南跟女主角培养感情,此刻他一旦离组,前后便需要半年才能回港。

我们接下来便停拍了。

在这段期间我被迫到处借钱,因为供楼供车加上日常生活的开销,又不想母亲担心,只能够赊借度日。

最后,电影由1989年拍到1991年才正式完成,电影叫《我老婆唔系人》，成绩只属一般，我却变成负债累累，而且抽烟过多，烟油让我食欲不振，最后演变成胃溃疡，严重得曾有一次我在街上走走便晕倒，足足五分钟才苏醒过来。

从此之后我决心戒烟，但转了抽雪茄，哈哈……

---

① 陈嘉上，电影导演及编剧。1980年加入邵氏电影公司工作，1983年首次担任编剧，1988年首次执导自己编剧的电影《三人世界》。凭《野兽刑警》夺得第18届香港电影金像奖最佳导演及最佳编剧。2006—2009年任电影导演会会长，曾任第26届—28届香港电影金像奖董事局主席。

② 陈庆嘉，笔名聂宏风，著名作家、编剧及导演，于多份报章副刊撰写专栏。陈庆嘉曾凭电影《野兽刑警》与陈嘉上一同获得电影金像奖最佳编剧；电影《热血最强》及《江湖告急》则获得电影评论学会大奖最佳编剧，后者与钱小蕙一同得奖。

③ 叶广俭，演员、编剧、制作人，曾参与十几部香港电影制作、演出。

④ 仝人制作社于1990年由郑丹瑞、陈嘉上及陈庆嘉组成，创业作为《小男人周记II 错在新宿》，其后制作了《我老婆唔系人》(1991)、《吴三桂与陈圆圆》(1992)等"小男人都市喜剧"，活现当代男性的微妙心态。

⑤ 《小男人周记》由嘉禾电影有限公司、高禾电影制作有限公司制作，于1989年上映的电影。该片由陈嘉上执导，郑丹瑞、郑裕玲、钟楚红、胡慧中、李美凤、文隽等领衔主演。影片刻画了一个在感情上游移不定的典型小男人形象。

⑥ 《情人》，1992年上映的法国电影，由让·雅克·阿诺导演，珍·玛奇和梁家辉主演。影片改编自法国女作家玛格丽特·杜拉斯的同名小说，讲述了在1929年的法国殖民地越南，一个法国少女和富有的中国男子之间发生的爱情故事。该片获得了1993年法国恺撒奖"最佳电影音乐"的荣誉，梁家辉凭借此片获得香港艺术家年奖演员奖。

28 《神算》遇上喜剧泰斗

早于七十年代,我已有机会以临时演员身份参与电影《鬼马双星》[1],当年的我已非常崇拜许冠文[2]这一位喜剧之王。事缘有一位新艺城电影公司的旧同事当上了电影《神算》[3]的制片经理,我与这位旧同事向来投契,加上我已有过一部电影的导演经验,于是他便推荐我参与《神算》的拍摄工作,帮许先生做执行导演[4]。接下这电影之后我第一时间收到《神算》的第一稿剧本,但曾经做过故事人和编剧的我竟然有些看不懂,内容很深奥!我心想这可能是因为许冠文曾经修读心理学,事隔十多年后再执导筒的他,特意把故事写得深入一点。隔了一天许冠文问我对《神算》第一稿剧本的看法和意见,我直说:

"大概知道你要拍一个关于算命的故事,但很多内容及情节我都不太明白……"

他听到我所有的意见后,便嘱我等他一些时间。两星期后,许冠文给了我一个全新剧本,但这次看完的感觉是内容变得太明太白及太清楚。他看到我的表情便解说:"我就是要这样的清楚明白,让牛头角顺嫂[5]都能看得懂!"略带冒犯的我反驳:"导演,你知否顺嫂的女儿也当上了母亲?现在顺嫂老了,都不会出来看电影啦!"许冠文听罢,带点不友善的眼光看着我,没多久便离开了公司。据我所知,**许冠文当天就联络制片人,查询他如何会把我找上。他甚**

至想立即辞退我,后来制片经理解释我也做过好几年编剧,说我是个心直口快的人(这性格到现在都没改),是否再给一次机会试试看?后来我才知道,原来许冠文从TVB、邵氏及嘉禾,直到自己成立公司,也从没有人像我这样直接地顶撞他。又隔了一两天,许冠文可能觉得我的诚实是会帮助到他,所以把我留下了。其实长期以来他身边的人都只会说他喜欢听的话。

拍摄途中为许冠文先生庆祝生日

继续留下来的我,当每一次说了一些不中听的话时,他都会先皱皱眉头然后再解释他为什么有这种想法,我消化后思考清楚才回答,继而再和他讨论。感觉上,许冠文是一个深思熟虑和观察入微的人,而且个性不爱转弯抹角;其实许冠文绝非不近人情,反之,他就是快人快语而且智商超高,往往在别人反应不过来的时候便衍生出各种问题。合作之后,我们由宾主的关系变成了亦师亦友,我在他身边半年有多,知道他一直都想突破《鬼马双星》《半斤八两》[6]和《摩登保镖》[7]的票房的心愿和压力,但我都有数次劝过他。我言辞恳切地跟他说:

"曾经有过三次破天荒的票房纪录及全东南亚都爱上你,作品是难得的大成功,后来更变成喜剧界的经典作品!应该都此生无悔。"我期望许冠文有一天再执导的时候,会看到像《神算》第一稿的剧本,因为多年都缺乏较有深度的喜剧。希望本土能有一个"活地阿伦"[8]。

除此之外,我还有一件事要更感谢许冠文,因为他解开了我多年来对爸爸的心结,事缘是他有一次用心良苦地请我吃饭喝酒,酒过三巡他跟我说:"你的母亲才是真正的受害人(母亲曾经为我爸气到重病进医院),而她经历了那么多都已经原谅了你爸,你又凭什么那么执着呢?须知道,**你一辈子都在憎恨一个人,那你永不会有快乐的人生,更何况仇恨加愤怒是绝对不会有好创作!**"听着听着我不禁流下眼泪,然后轻轻地哭了起来。当离开那家餐厅坐上出租车,很奇怪,我感觉我终于放下了,不再恨。

因此,我要再一次感谢许冠文先生!直到现在我仍冀盼参与老许的下一部电影,什么岗位都行!因为现在我更爱这个多才多艺的前辈!

---

① 《鬼马双星》(*Games Gamblers Play*)是1974年的电影,由嘉禾公司出品,许冠文首次自编自导,和弟弟许冠杰拍档演出,电影票房高达600万港元(140万美元),创下了当年的纪录,成为香港开埠以来收入最高的电影,甚至击败国际功夫电影巨星李小龙的电影。
② 许冠文,喜剧泰斗,也是香港演艺人协会创会会长。1982年凭《摩登保镖》成为首届电影金像奖最佳男主角。在七十年代至九十年代,许冠文曾经自编自导,与其弟许冠英及许冠杰一同主演一系列深受欢迎的喜剧电影。
③ 《神算》是由许冠文自导自演的电影,1992年上映。该片为九十年代初期的许氏风格喜剧之一,并找来了当红偶像天王黎明合作及演唱主题曲《两心知》,是1992年全年十大最卖座的影片之一。同时,这也是"栋笃笑始祖"黄子华首部电影编剧和演出的作品。
④ 执行导演是指影视作品在拍摄阶段有两名或以上联合导演时,其中负责现场拍摄工作的那位导演,因此执行导演又被称为"现场导演",并且在拍摄现场掌握每个镜头的通过权。
⑤ "牛头角顺嫂"本为TVB处境剧(情景剧)里的角色,由梁醒波女儿梁葆贞饰演,"顺嫂"角色深入民心,从此便成为无知妇女和草根女流的代名词,并得以发扬光大。
⑥ 《半斤八两》(*The Private Eyes*)是1976年香港票房冠军电影,由嘉禾公司出品,由许冠文、许冠杰、许冠英主演,许氏三兄弟喜剧系列第三部,首轮公映取得港币800万成绩而再次打破香港票房纪录,亦是整个七十年代最卖座及最高入场人次电影。
⑦ 《摩登保镖》(*Security Unlimited*)是于1981年出品的电影,由许冠文自编自导,许氏三兄弟:许冠文、许冠杰、许冠英领衔主演。该喜剧在1981年上映时曾拿下年度票房冠军,并刷新了开埠票房纪录,被很多影评人公认为开创贺岁片大卖先河的许氏作品。
⑧ 活地阿伦(即伍迪·艾伦),美国电影导演、编剧、演员、作家、剧作家和音乐家。其独具风格的电影,让他成了美国在世最受尊敬的导演之一。

《情人知己》严重挫败

有一天，我接到一个电话，电话里的另一端正是我在丽的电视台工作时已认识的乐易玲小姐[①]，她告诉我要拍一部关于都市爱情的喜剧，是由城市当代舞蹈团[②]的创办人投资，乐小姐想请我当导演。讲爱情的电影向来不是我擅长的片种，我便提议不如改拍一部关于友情亲情的温馨喜剧，结果他们都同意了！

我一直很喜欢一部外国电影叫《午夜狂奔》[③]，里面的两个男主角由对立变成朋友，于是，我们便决定开拍类似的题材，也是以两男为主，戏名也改好了，叫《情人知己》[④]。之前在《神算》跟有份参与演出和联合编剧的黄子华[⑤]合作过，而且之后看过他的栋笃笑[⑥]，觉得他的喜剧感越来越丰富，所以便邀请他参与我这一部电影的演出，而且同时负责撰写剧本。剧本完成后，公司和我经过一番讨论决定男主角找梁朝伟。后来我请陈可辛帮我联络梁朝伟。

数天后，梁朝伟看完剧本便致电我们，他也觉得项目挺有趣，于是公司把片酬谈好便落实于一个月后正式开拍，一切仿佛进展得非常顺利。**但万万没料到电影开拍了还不到一星期便出现了严重的情况，就是梁朝伟想退出。**我猜想梁朝伟想退出的原因有两个，第一，可能我还是新导演经验尚浅，没把戏把控得很好；第二，这个电影是说两个大男人化敌为好友的故事，但两位主角梁朝伟和黄子华不约而同都是非常沉默寡言及较孤僻的性格演员，二人从开拍后

《情人知己》的电影海报

一直零交流,在拍摄现场都是各自坐在一角。

其实这事情的发生,梁朝伟和黄子华都没有错,错的人只有我这个导演。这件事让我想起《狂情》的新藤惠美女士,我错在没有提前给演员跟对手交流的机会,这次给我一个重大的教训!最终我只好再请求陈可辛帮忙去游说梁先生。幸好,梁朝伟知道我们台前幕后都是认真的电影制作人,于是他约我见面,坦然说出他心目中想要的戏剧表达方式,并要求接下来拍摄之前,一定先把电影剧本从头到尾与黄子华再过滤一遍。

我、子华及朝伟三人花了一段时间把剧情人物过滤清楚,当我们再进片场时一切便挺顺利。《情人知己》上画后的票房只属一般,连续两部有明星助阵的片子都拍不出好成绩,再加上当时我还欠下一些债务,**种种的问题让我情绪很低落,我独自在家中反复思量:**

是否不应该再当导演，回到其他幕后的工作岗位？编剧也好策划也好，就是不要再让自己有当导演的念头出现！

一下子感觉到前途茫茫……

演员们都在认真地对台词，我就不打扰了

---

① 乐易玲，人称"乐小姐"，传媒人，现任香港电视广播有限公司助理总经理（艺员管理及发展）、邵氏电影执行董事及总经理。

② 香港城市当代舞蹈团于1979年成立，首个作品为于艺术中心上演的《尺足》，观众只有50人。经20多年的经营，舞团已发展成大型专业现代舞团，与香港芭蕾舞团及香港舞蹈团合为香港三大舞团，在各自的领域上独当一面，并多次代表香港做国际性的巡回演出。舞团现为香港特别行政区政府资助之九大艺团之一，每年观众及学员达十万人次。

③《午夜狂奔》是由环球影业出品的喜剧片，由马丁·布莱斯特执导，罗伯特·德尼罗、查尔斯·格罗丁、亚非特·科托主演，该片于1988年上映。影片讲述了杰克·沃什在一宗毒品案件中遭到黑社会头目栽陷害失业后做赏金猎人的故事。

④《情人知己》是新宝娱乐有限公司出品，由梁朝伟、罗美薇、袁咏仪、林蛟、苑琼丹、黄子华等演出的电影，该片于1993年上映。

⑤ 黄子华，著名男演员及栋笃笑演员，也是栋笃笑创始人。黄子华以演出一人在舞台上讲笑话的栋笃笑为人熟悉，参与演出的电视剧数量不多，惟所有曾演出的电视剧中，大部分对白均为自行创作并参与编剧，内容搞笑之余带有哲学成分，并讽刺时弊，黄子华被称为"无线福将"，自《男亲女爱》起有份参与的剧集无论收视及口碑均不俗。

⑥ 栋笃笑又有脱口秀、单口喜剧、单人喜剧、站立喜剧等名称，是一种喜剧表演，通常是由喜剧演员一个人直接站在观众面前表演，多以语言笑话为主。表演进行方式类似于中国传统的单口相声或日本传统的落语。以独角戏方式演出是独白的形式，但观众会有跟其对话的感觉，演员会说一些与自身相关的有趣故事、对于政治和社会议题的见解，使用双关语、笑话或连续的小笑话，单人喜剧演员也常借用舞台道具、音乐、舞蹈、口技或魔术把戏来吸引观众的注意，以增强演出效果。

《晚9朝5》（1）
重拾信心

我和陈可辛是在成立香港电影导演会①的过程中认识的，后来也成为朋友。就在我对前景感到最为彷徨的时候，陈可辛找我说有事需要我的帮忙。陈可辛口中说要我帮忙的事，就是给由他导演、阮世生②编剧的新电影《晚9朝5》③在创作上做些资料搜集，找我的原因是因为当时我的一位表哥在中环兰桂坊④经营了一所夜店。

陈可辛这次的电影想说的是一群喜欢在夜店流连，对前途感到迷惘而醉生梦死的年轻人的故事，也可以称为当代男欢女爱的电影。之前梁朝伟事件，再加上我不知道自己未来的去向，待在家里胡思乱想还不如和一些优秀的电影人一起工作，因此我十分乐意帮他这个忙。他和编剧希望能找一群经常出入兰桂坊的年轻男女作为电影的访谈对象，而且透过真诚的专访，找出更多他们的情感及内心世界。

我按照他的要求找了一些在那里工作的经理及酒保，请他们帮忙找一些每晚来玩的男女熟客，由我逐一安排这些年轻人在兰桂坊的酒吧见面。但专访过程中出了些问题，原因是陈可辛向来滴酒不沾，更没有泡酒吧的习惯，面对一群年轻男女时便不太懂得发问，弄得现场气氛犹如他们来应征一般，气氛怪怪的。于是我提议大家都先喝一点酒，让众人放松情绪才开始慢慢进入话题。结果，十多

UFO 电影公司成立时的记者招待会

天的访谈里,陈可辛都默默地坐在一旁,整个过程都变成由我和编剧来发问。

后来,一天回到公司,陈可辛认为我较为适合做这部电影的导演,但之前的成绩让我没有太大信心再次执导,陈可辛语重心长对我说:"我有看你之前的电影,你有你说故事的一套,所以你目前最需要的是一个了解你的强项及帮助你发挥长处的监制!"心情七上八落的我还来不及反应,陈可辛便再说了一句:"别想了,我们合作吧!"《晚9朝5》的剧本完成后,便正式开始前期筹备工作。当年的陈可辛已是一个有票房保证的知名导演,他成立的公司"UFO"[5]还有其他的搭挡,如钟珍、张之亮、李志毅和曾志伟。每一次曾志伟路过我们开会的房间,总是摇头叹气说:"**UFO将会被两位陈姓导演害得名誉扫地!什么不好拍为什么要拍部三级片**[6]?"因为《晚9朝5》戏里想呈现当代男欢女爱最真实的一面,涉及一夜情和多角恋,所以会有一些情欲戏,那个年代如果电影出现裸露镜头,香港电检处便会按等级定其为三级电影。

当年大部分的三级片大家及观众都会用有色眼光来看待,因此我们在遴选角色上困难重重。我们几乎见了300人,当中既有新人也不乏模特儿及专业演员,就算他们答应了演出,第二天又临阵失踪,理由不是家人反对,便是宗教信仰问题,因为大家都觉三级电影十居其九都是卖弄色情为主,所以无论我们怎样卖力解释,也都没有人相信《晚9朝5》不是一部色情电影。

几经扰攘,最后终于克服演员的问题,但正式拍摄时还是困难重重,因为最终答应演出的大部分是新人,如陈小春、陈豪,每次拍到情欲戏的时候,新演员的别扭,就让我感觉到自己像电影《色情男女》[7]中的真实版本张国荣的角色,**拍摄床戏更像成龙拍摄高难度动作一样,要出尽九牛二虎之力才得以完成。**

拍摄《晚 9 朝 5》和陈可辛合作的过程里，我见识到一个真正的监制如何能帮到导演顺利拍摄完整部电影，发挥他的专长及真正工作。整个过程中他并没有因为自己是知名导演而要掌控一切，我有百分百主导权。电影拍摄完成后，陈可辛只提出需要补拍两个镜头，他的全力支持并不表示我前两部电影的监制没有尽责，只是当时的我实在太未成气候且不成熟，而前面的监制们又太过放手而已。

---

① 香港电影导演会，成立于 1988 年，为香港电影界中所有电影导演共组的工会组织，着力推动电影业在艺术和商业方面的发展，加强导演间的联系和沟通，改善会员福利和推广社交活动，以及保障电影导演的权益。
② 阮世生，华语影视导演、编剧、制作人。1988 年，因担任喜剧片《鸡同鸭讲》的编剧而出道。阮世生善于写市井平民故事，科班编剧出身的他能把老少恋故事诠释好，他是香港电影业中表现当下都市情感生活的高手。
③ 《晚 9 朝 5》，是一部 1994 年上映的三级电影，也是电影人制作有限公司（UFO）之唯一一部三级片。主演有陈小春、张睿羚、陈豪、周嘉玲、白嘉倩等。这部电影由曾志伟担任出品人，陈可辛担任监制，阮世生担任编剧。本片在第 14 届电影金像奖获得四项提名，包括最佳编剧奖提名。林忆莲演唱的电影主题曲《愿》也成了乐坛的经典。
④ 兰桂坊是指兰桂坊街与德己立街、威灵顿街、云咸街、和安里、仁寿里及荣华里构成的一个聚集大小酒吧、俱乐部、餐厅与零售商铺的中高档消费区，深受中产阶级、外籍人士及游客的欢迎，是香港的特色旅游景点之一。2010 年，兰桂坊获得由内地十大主流媒体合办的"网友最喜爱的香港品牌评选"之"我最喜爱的香港蒲点"三甲。
⑤ UFO，1991 年，曾志伟和钟珍出资，陈可辛以日后导演费形式参股，三人创立了"电影人制作公司"，英文名"United Filmmakers Organization"，缩写"UFO"，UFO 自创立之初，即不跟风拍当时流行的古装武侠片，反以低成本文艺片和清新喜剧打开局面，制作的影片叫好又叫座，代表作品如《甜蜜蜜》《流氓医生》《抢钱夫妻》《金枝玉叶》等。UFO 的领军人物是被誉为"电影人三剑客"的陈可辛、李志毅、张之亮，三人执导了大部分 UFO 作品，除了"三剑客"外，阮世生、奚仲文、陈德森、曾志伟、郑丹瑞等人也能编能导，UFO 可说是集合了当时最文艺的电影人。
⑥ 三级片是香港 1988 年推出的电影分级制度，分级主要依据观众年龄限制划分为 I、II、III 三级，三级片的定义是："只准 18 岁或以上人士观看、租借或购买电影。"这适用于在香港或其他地方制作的电影。
⑦ 《色情男女》是 1996 年的电影，由尔冬升与罗志良联合执导，张国荣、莫文蔚与舒淇主演，是一部打着"三级片"旗号的文艺励志片，描述当时影坛的嘲讽喜剧。片中张国荣饰演一位在商业票房与艺术水平间挣扎的年轻导演，舒淇、徐锦江则是片中他在出钱老板要求下，指名使用的三级演员，除有三级的养眼视觉效果外，更透过故事的本身来表达对电影圈与电影文化的看法，戏谑中有着强烈批判。

31 《晚9朝5》（2） 影评——道德败坏

当年本港没有电影首映礼，所谓的首映就是安排在正式上映前的周末午夜场①里优先放映，然后我们可以从观众对午夜场的反应，预测到电影正式上映后的成绩，一部被看好的电影，午夜场票房可以有28万到70万不等，这个数字代表电影在正式上映时将会有大卖的成绩。然而，《晚9朝5》首天的午夜场只有7万票房，全公司上下各人的心情显得特别差劲，但让人不安的事情陆续发生，翌日我们从**报章上看到一篇影评，执笔者是一位学校校长，他狠批《晚9朝5》是一部道德败坏的电影**。随后，第二天在同一专栏内竟然又出现了另一篇关于《晚9朝5》的影评，一位神职人员认为我们的电影只是在赤裸裸地反映社会现实。姑勿论两篇影评褒贬与否，让人百思不解的是校长和神职人员为什么会跑去写影评？原来他们都是被电检处②邀请参与电影审批的普通市民，情况正如警匪电影会邀请警务人员做审批一样。

接下来，在正式上映的头三天里，城中几乎所有夜店及酒吧里的年轻人都在讨论《晚9朝5》的剧情，他们甚至认为电影内的七位主角所饰演的人物就是他们认识的身边朋友。终于，电影开映由每天票房二三十万，忽然飙升至一天七八十万，最厉害的单日票房甚至超过100万；最后，由全新人演出，投资200多万的《晚9朝5》，竟然得到过千万的票房成绩。坦白说，《晚9朝5》能够得到过千万的票房成绩，绝对是我们始料不及，我们当然要好好庆祝，没想到就在庆功宴完结的一刻，我们又被通知《晚9朝5》被选为该届金像奖的"十大华语片"之一，那是金像奖最后一届设有"十大华语片"奖项。

颁奖典礼当日，《晚9朝5》就是由林岭东导演（现今已故）负责颁奖，在还未上台领奖之前，他看着得意忘形的我，便趁机把我拉到一旁说："这电影的爆发性成功只是一个开始，但现在的你已经飘飘然到双脚离地，我的第一部电影也遇上过你现在的情况，所以我想把你从空中拉回地上，记着，你才刚刚开始！"无论如何，《晚9朝5》是我的导演路途上一个重要的转折点。借此，我衷心地感谢两个人！

首先，我感谢陈可辛先生找我拍《晚9朝5》，因为这部电影我们日后成了紧密的合作伙伴。另外一位要多谢便是林岭东导演，他语重心长的提醒，让我重新地脚踏实地。

金像奖"十大华语片"
最后一届的奖牌

---

① 午夜场时间泛指夜间 22:00 以后的场次。
② 电检处全名为电影、报刊及物品管理办事处，现为香港特别行政区政府商务及经济发展局辖下的通讯事务管理局办公室子部门，专门负责管理有关电影评级、管制淫亵及不雅物品和报刊注册。

32 《青年干探》
再用新人，但失败

虽然一直对林岭东导演的肺腑之言心存感激，但当年的我并没有把他的话照单全收，甚至加强了自信心，认为自己可以了，便产生了膨胀的念头，认为自己有更多的能力去栽培新人，也因为陈小春凭借《晚9朝5》赢得金像奖最佳新人，并且同时获得最佳男配角的提名，让我的心更雄了。我接下准备为一家新的电影公司开拍一部警匪片，也因为《晚9朝5》的成功，这一趟我再次决定继续起用全新人，除了再由陈小春及陈豪担演外，再加上当时电视台刚捧出来的新人陈国邦[①]及魏骏杰[②]，另外也起用了吴绮莉[③]及伍咏薇[④]做女配角，那一刹那信心十足的我期待着另一次的成功，结果——却弄巧成拙。

《青年干探》电影海报

电影并不成功，让我清晰地醒悟，并不是所有类型的电影都适合起用新人，尤其是剧情浓厚的叙事电影，票房并不理想的情况之下，让我又再次陷入苦恼中。《青年干探》成了该间电影公司投资的最后一部电影。其实在做《青年干探》后期制作的时候，我同时协助 UFO 电影《嫲嫲·帆帆》[⑤]的所有特技拍摄。这次作为特技导演也学会了很多关于视效的拍摄方法，对日后的工作也非常有用！在这期间我已经感到自己还不是时候独自往外闯，应该争取多一点的学习机会，增强导演方面的能力，以及累积经验，**但我并没有气馁，只是决定暂时不执导！**

---

① 陈国邦，演员，毕业于香港演艺学院。1989 年，出演个人首部电影《壮志雄心》从而正式进入演艺圈；同年，凭借电影《壮志雄心》入围金马奖最佳男配角。1995 年，凭借电影《飞虎雄心》提名电影金像奖最佳男配角。
② 魏骏杰，演员，1990 年毕业于演艺学院戏剧系，经黄秋生引荐加盟无线电视成为旗下艺员。1994 年，在《方世玉与乾隆》中饰演第一男主角方世玉，1998 年参演无线剧集《陀枪师姐》系列，2013 年，参演中国内地剧《梦回唐朝》，饰演唐高宗时期净臣潘守义。
③ 吴绮莉，演员，1990 年出道，荣获第 6 届 "亚洲小姐" 选美冠军。1991 年主演邱礼涛导演的电视剧《中环英雄》。1992 年初涉影坛，出演电影《两屋一妻》《飞女正传》。
④ 伍咏薇，影视演员、歌手。1989 年参选 "亚洲小姐"，并获得 "最上镜小姐" 而进入演艺圈。1993 年 3 月，参演时装剧《银狐》，凭借在剧中饰演的颜如玉一角获得更多关注。1995 年，伍咏薇获得十大劲歌金曲最受欢迎新人奖银奖。曾出演首部亚洲电视和无线电视剧集。
⑤ 《嫲嫲·帆帆》是一部 1996 年上映的电影，由陈可辛导演，袁咏仪、谭咏麟、陈小春等主演。讲述了年轻时的嫲嫲以十年阳寿与死神交易，救回垂危的儿子帆帆后发生的故事。

33 《黑侠》
十波九折的科幻动作片

几部电影作品的成绩虽然都是上上落落（◎起起伏伏），但我却变得更坚强，不断思考和寻找更适合自己的创作方向。在自我探索的过程中，我接到徐克的电话，他急召我回电影工作室，协助他监制的电影《黑侠》[①]，帮他做策划及编剧的工作，这一次电影是由李仁港[②]担任导演，演员方面有李连杰、刘青云和莫文蔚。

一开始我便向徐克介绍了马伟豪[③]成为编剧组的主要创作人员，徐克当时被荷里活邀请到美国拍摄一部由尚格·云顿[④]主演的电影《Double Team》[⑤]，以致他只能遥控《黑侠》的前期制作，但因为电影工作室有许多优秀的电影人，在大家协助下整个前期筹备都非常顺利。但开拍后产生了一些矛盾，因为徐克的创作模式是通常见到景物才有想法，但他人又不在，而另一端导演李仁港是美术指导出身，也是非常有个人风格。最后《黑侠》拍完，也出了初剪版，但老板向华强先生[⑥]和向太太都觉得电影好像还欠缺了某些完整度，但李仁港本人已接下了其他新电影的工作，而李连杰也接下了一部美国电影很快便要离开，只剩一周留港的时间。

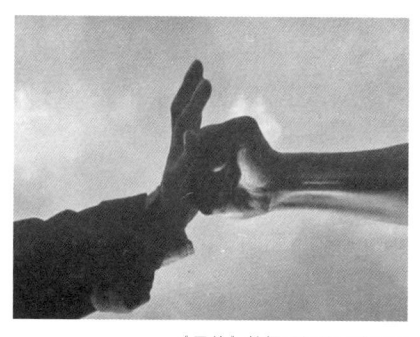

《黑侠》拍摄现场的灵感剧照

在情急下，我临危受命协助补拍，我与制片组和身在美国的徐克进行视像会议后，我们决定补拍七天到十天的戏份，大约是一部电影长度的五分之一，更需要额外的300万资金才能完成补拍部分。会议后我立即报告向先生所需补拍日数和资金，但因为《黑侠》在之前已有一点超资，所以最后向先生的回复是**不能多于80万的预算里完成所有补拍的戏份；另一边厢的李连杰也只能给出三天的时间补拍**。这是真正"屋漏偏逢连夜雨"的艰巨任务，正常动作片每天只能拍30个镜头，就算是在赶忙的情况下，最多也只是拍50个镜头而已，结果我在三天里，花了大约78万预算，每天拍摄80至100个镜头，不眠不休之下总算艰辛地完成了任务。现在回想，我也不知道当年是如何把不可能的任务变成有可能的。结果很感恩，电影也非常受落（◎受欢迎），而且票房成绩也很不错，卖埠（◎发行和销售）情况也不俗；除此之外，徐克和李仁港也在本港开创了新派奇幻动作电影的先河。我庆幸也是《黑侠》的其中一分子。

---

① 《黑侠》是一部1996年上映的动作片，李仁港执导，徐克监制，李连杰、刘青云、莫文蔚和叶芳华领衔主演，由徐克的电影工作室摄制，曾获电影大奖提名。电影R根据漫画家利达士达于1992年的同名漫画作品改编而成，并于2002年推出续集《黑侠2》。
② 李仁港，美术指导、导演、编剧。李仁港是一位集国画、油画、武术、电影于一身的导演，尤其擅长动作美学。他的导演风格硬朗，擅长动作场面及细腻的人物刻画。2008年凭借《三国之见龙卸甲》获得了第3届亚洲电影大奖最佳美术指导。
③ 马伟豪，导演、编剧、制作人。1992年，因拍摄个人第一部喜剧片《何日金再来》而正式进入娱乐圈。1994年，自编自导喜剧片《记得香蕉成熟时2》，获得第31届金马奖最佳原创剧本。1995年，执导爱情片《星光俏佳人》而引起更多的关注。代表作有《玉女添丁》《百分百感觉》《初恋无限Touch》《新扎师妹》《地下铁》等。
④ 尚格·云顿，比利时演员、武术家、编剧、导演、制片人、武术指导。自动学习空手道，多次获得欧洲空手道比赛冠军。从激烈的运动中退役后，尚格·云顿开始了演艺事业。八十年代早期进军影坛，成了同史泰龙、施瓦辛格和史蒂文·西格尔齐名的动作巨星。
⑤ 《Double Team》（港译片名：《反击王》）是一部1997年上映的美国动作喜剧片，由徐克执导，唐·雅各布布比和保罗·莫因斯共同撰写剧本。其主演包括尚格·云顿、丹尼斯·罗德曼、保罗·费里曼及米基·洛克。故事主要描述反恐探员杰克·昆恩（尚格·云顿饰演）被指派一名难以捉摸的恐怖分子史塔夫罗斯（米基·洛克饰演）绳之以法；当史塔夫罗斯绑架了昆恩的妻子后，该任务则变成了私人恩怨，而唯一能帮助昆恩的便是古怪的军火商亚兹（丹尼斯·罗德曼饰演）。
⑥ 向华强，电影出品人、中国星集团董事会主席和电影监制。他曾出演电影《赌神》中不苟言笑的龙五，让人印象深刻。

34 《神偷谍影》
人生谷底

参与电影《黑侠》让我对特技拍摄有更多的了解和认识，刚好陈可辛开拍奇幻亲情故事《嫲嫲·帆帆》，我也成为团队的其中一分子，并负责所有的特技场口，完成《嫲嫲·帆帆》后，两个经验加起来，陈可辛给我一个建议："其实你可以考虑主攻动作电影！"同年，嘉禾的监制陈锡康先生找陈可辛介绍好的动作导演，陈可辛二话不说便把我推荐给对方。

在电影行业打滚十年，还不是希望做导演、拍电影吗？但之前执导的《青年干探》成绩只属一般，让我不禁犹豫起来，陈可辛又

《神偷谍影》开镜仪式

偷得浮生半日闲，我们三人在布达佩斯豪吃一顿

对我说："这已经是 1994 年的事，你在 96 和 97 年参与过《黑侠》和《嫲嫲·帆帆》，经验上已有明显的进步！"那时候香港经济已经开始走下坡，陈可辛要我给他一个理由，为什么要拒绝一部由金城武、陈小春和杨采妮主演而且投资一千多万的电影？最后，我当然接下了这部名叫《神偷谍影》的动作电影①。

这部电影牵涉大量动作场面，所以拍摄非常紧张，而且我们也要去匈牙利取景，拍摄进度很紧凑！本来一切都算挺顺利的，但万万没想到还剩不到两周却发生了一个大家都不愿意见到的意外！

事缘我们决定拍摄一场大型的爆破场面作为电影的重头戏，刚好拍之前我看了电影《碟中谍》②，其中开场的爆破戏拍得甚为精彩，于是我和动作导演董玮及爆破组表示，我也想在《神偷谍影》里有这样一场精彩的爆破动作场面。商量后，我们找来一座空置的英军军营③的空地装作停车场，并放置四五十辆汽车，为了配合剧情中正反派的对决重头戏，我们决定同一时间将八部车放置爆破效果材料，然后在四名主角追逐过程中把他们身旁的汽车弄至凌空飞起。

我记得当一切准备就绪，我和动作导演董玮就站在最前方的位置，隔着一块开了洞的木板监察拍摄情况。一喊"camera"，拍摄开始，主角替身开始走动，爆炸效果迅即发生，直到第二辆车呈现爆炸效果，但万万没想到其中一辆**因爆炸效果而反侧的车飞脱了车内其中一个零件，该铁造的零件足足飞到100尺以外，意外击中一个道具人员的头顶**。当工作人员发现有人受伤时，工作人员便即致电报警。当下那刻，我立命制片同事陪他跟随救护车去医院，并要他紧密报告这位受了伤同事的一切情况。

天也亮了，公司同事的电话紧随而来，表示正在处理这次意外的事宜，制片也命大家先行回家。因为拍摄现场在郊区，我驾着车载着另一位同事离开，车厢内静寂得只听到我的呼吸声，我一边开车一边许了一个愿，希望这位工作人员能够逢凶化吉。突然，天空打了几下响雷，随即而来的是滂沱大雨，雨势大得我把水泼（◎雨刮器）调至最强也没法看清眼前的路，只好把车停在一旁等雨势较小才开走，就在这个时候，我接到制片同事的电话，他哭着说："同事已经走了！"心情跌进谷底的我，这一刻根本没有办法让自己心情平复下来，结果我与坐在身旁的特技演员一同到了一个24小时的超市买了很多酒，我俩一直喝酒到翌晨九时才坐出租车回到嘉禾公司。

之后，我们整个组的同事立即筹款协助这位同事的家人，**但我还是无办法原谅自己，我决定引咎辞职离开电影行业**。大家的心情也极度伤痛，虽然电影还剩下两星期的戏需要拍摄，但公司没有强迫我去完成。

过了一周左右的一个晚上，杨采妮致电慰问我，她在电话里头跟我说："导演，大家都非常难过，但为了这位牺牲了的同事，你是否更应该带领我们一同完成这部电影？"其后，杨采妮的助手送了一本名为《多情多风波》[④]的书给我。看完后我哭了一个晚上，但却有点领悟。这本书我到现在还留着。嘉禾电影公司一直都没有提出要我继续完成《神偷谍影》的拍摄工作，我最后反复思量了很久，为了这一位牺牲的同事，我必须竭尽所能完成这一部电影，而且要做得更好！这件事后来在死因裁判法庭研讯，最后判定整件事是意外。电影终于面世，而且嘉禾电影公司的发行部告诉我电影在全世界的销售都很不错，但每次我看到有关《神偷谍影》的报道或有人提起，心里还是会有一股哀愁难以忘怀！

后记：《神偷谍影》的意外发生于1997年4月，香港回归后，政府派考察团到美国加州首府了解荷里活电影爆破师的发牌制度，最终规定所有香港电影爆破人员都必须考取分等级制的执照。

---

① 动作电影是娱乐电影的一个种类，其情节多半包括一连串的动作镜头，如打斗、特技、追车或爆炸场面等。不少动作片以格斗为主、故事为辅，剧情发展合理化主角动武理由，动作场面刺激及娱乐观众。
② 《碟中谍》（又名：不可能的任务、职业特工队）是由汤姆·克鲁斯主演的系列动作电影，影片根据1968—1973年在美国CBS电视台播出的同名电视剧改编，故事围绕美国"不可能的任务情报署（IMF）"展开。该情报署的特工都身手不凡，而且他们也擅长使用易容术，让目标在不知情的情况下供出情报。
③ 英军军营是驻港英军的宿舍，为确保军事机密，军营透明度甚低，即使是开放日依然是局部公开，用于社区公共关系。随着城市发展，旧有军营所在地已转为民用设施。而随着1997年中国政府恢复对香港行使主权，解放军进驻香港，驻港英军成为历史。
④ 《多情多风波》是林清玄亲自编定的散文集，收录林清玄散文创作集中喷发期的30篇散文。面对纷乱的世事、迷惘的人心，作者通过自身的体验和思考，泰然自若地谈论生活、情感、社会，并一针见血地指出当前社会存在的种种问题，为读者点亮心灯。

35 《紫雨风暴》首度提名

寰亚电影公司①于1998年邀请我拍摄一部动作电影《紫雨风暴》②。

这部电影的前期筹备工作也是一波三折，原先故事中的主角是一对兄弟，属意由梁家辉演哥哥和古天乐演弟弟，多番扰攘后，梁家辉突然说想改变角色演弟弟，但当时已经筹备得如火如荼要准备开拍，我也不晓得如何应对梁家辉，因为我不知道哪里去找一个动作亮丽而且岁数要配合的哥哥给他。结果，古天乐也因为等不及接了其他的电影而退出，最后梁家辉和古天乐的这个组合也只得搁置。

本来这电影就有成龙和陈自强投资及监制，故陈自强提出他签了一个新人叫吴彦祖③，叫我试试看适不适合，后来在陈自强的一次生日晚宴上，他专诚安排吴彦祖从美国回来见我。那一夜我赴宴时，当抵达餐厅大门之际，有一站在我前方的人，忽然向我身后喊着一个人的名字——"甘国亮"④，我回过头看到甘国亮的那刹那，**注意到了面前这个男人的一双炯炯有神的眼睛，让我实时回想到邵氏年代他曾演过的一部电影叫《蛇杀手》**⑤。我突然感到找的就是他，皇天不负有心人，他就是我心目中急切要找的主要角色。接下来我立即请陈自强把甘国亮介绍给我认识，而刚好吴彦祖也到达，吴彦祖个性单纯，而且他对香港感觉一切都很陌生，我当下就觉得这一位年轻人就是在《紫雨风暴》里迷失了自己的那个角色！

上：甘国亮（中）的眼神永远如此凌厉，充满杀气，所以这个角色非他莫属
下：吴彦祖用心聆听我讲述这场重头戏的情感波动

　　我个性很急，也不管当晚是陈自强的生日晚宴，请他把吴彦祖和甘国亮拉到一旁，希望他们俩都答应成为戏里的主角。当然两位男士年龄上是有点差距，我便把戏里本来是兄弟关系的两人改为义

父子。我用 15 分钟左右把故事简单讲一遍，他俩听完都觉得很有意思，整件事随即一拍即合！

另一位不得不提便是电影另一位重要演员，这个角色是一个专业的精神科医生，我们也从美国把陈冲小姐请来担任这个角色。我和陈冲第一次见面时，她已在美国做好功课及一些关于角色的资料搜集。我一坐下，她便从包里拿出三本由国际精神科专家撰写的著作，原来她在每本书上都用红笔把重要的资料画上，无论是精神科医生跟病人的对话或治疗方式，她都统统做好功课，琢磨如何把自己扮演的角色演得更扎实更极致。对于这样的专业演员，我非常敬佩。我跟陈冲还有一件事挺有缘份，原来我们是在同月同日出生，后来我和她还在片场一起庆生。

另一边厢，公司老板钟再思先生却认为当今动作电影必须加入荷里活特技才能更有突破，才能卖钱，于是他便决定把戏里大厦爆炸的特技搬去荷里活拍摄。在美国的数天里，我看到美国人拍摄特技爆破场面的筹备过程，觉得他们真的很有经验及非常专业。本来我们只预算一天的拍摄，结果爆破师到了现场却否决了当天的拍摄，原因是当天风太大，把 1:70 的大厦模型所用的糖胶玻璃窗户都吹得完全干涸，如果勉强拍效果一定不好。他坚持要换掉整个模型大楼的所有糖胶玻璃窗户，然后第二天等糖胶玻璃窗户还未干透前半小时立即开机拍摄。结果第二天拍出来的效果像真度极高，让我们全部人都相当满意和赞叹。

在美国荷里活拍摄模型爆破的现场

  本来就没有荷里活的特效预算，从美国回来后，制作成本增加了，压力也更大。电影拍摄到一半，公司另一位老板庄澄先生便找我去公司开会，他决定把原本打算到泰国拍摄的序场戏，一场战争的场面取消，并要求我改成在香港拍摄。我当然极不愿意，庄澄先生说如果我坚持要拍序场战争戏，另一场中段的重头戏本来要拍三天的量便得在一天内完成。在鱼与熊掌之下，我只能放弃去泰国拍摄序场的战争戏。

  三个月的拍摄终于完成，这部电影后来带给了我一个喜悦和一个遗憾。喜悦是《紫雨风暴》让我首次荣获金马奖最佳导演的提名；而遗憾的是同年的年底，我带着《紫雨风暴》到韩国参加当地的电影节，在当晚电影观赏完后的一个晚宴上，我碰到姜帝圭导演[6]，他也刚巧拍了一部同样是以恐怖分子为题材的电影叫《鱼》[7]。我们酒过三巡后，他搭着我的肩膀说，《紫雨风暴》拍得非常好，唯一缺点就是序场不够气势和力度，他认为《鱼》的开场戏是非常震撼，他还要我作为参考可以再看一遍。那一刻我真的有口难言，我本来构想《紫雨风暴》的开场戏根本就不下于《鱼》的序场！回到饭店痛定思痛，决定以后自己认为必须要拍的戏都要坚持到底。

《紫雨风暴》后来也为我带来另一个际遇，它让我认识了一位我很喜欢的外籍导演，事缘在电影上映的数个月后，**有一天陈自强打电话给我，说有一个美国导演来了想见我，这个想见我的人便是昆顿·塔伦天奴**[8]。其实他本来就是一个非常热爱港产电影的粉丝，他甚至买下 70 多部港产片，然后在他自己拥有的洛杉矶戏院里每天播放。原来他想见我的原因是因为他在飞机上看了《紫雨风暴》，他非常喜欢，也发现电影的监制是陈自强，便透过他约我见面。当晚我们聊至深夜，我告诉他我也非常喜欢他拍的《落水狗》[9]，当时大家聊得很投契，他更即场打长途电话给一位美国的监制叫

与昆汀在香港中国会晚宴合影

Harvey Weinstein[⑩]，要他在美国看《紫雨风暴》。在几分醉意下，昆顿·塔伦天奴问我未来的电影项目是什么，我提及将会筹备开拍《十月围城》[⑪]。我也忘了不知道过了多久，我接到寰亚公司的来电，原来 Harvey Weinstein 真的在美国看了《紫雨风暴》，还跟寰亚电影公司买下电影的重拍版权，电影将于纽约取景，由白人演员担任主角。在商议过程中，Harvey Weinstein 提出可考虑由我执导，但我只能带监制、动作导演及摄影三个人，然后我们要在当年（2001 年）10 月到纽约开制作会议以及洽谈合作的事宜。正当一切准备就绪之际，不幸的事情却发生了，美国纽约 9 月发生了"9·11 事件"，两幢世贸中心被撞毁了，凑巧的是《紫雨风暴》中的甘国亮在电影剧情中也曾将一幢大厦炸毁，因为他在戏中的狂妄及结局的阴谋，美国电影公司半开玩笑对我说，千万别让拉登[⑫]看到《紫雨风暴》，不然怕连拉登也会变得更坏更恐怖！

哈哈！最终，美国版《紫雨风暴》便无疾而终！

---

① 寰亚电影是一家以香港为基地的亚洲电影投资公司，1994 年由 7 位电影人士创办，第一部电影《我和春天有个约会》便先声夺人，夺得当年电影金像奖"最佳剧本"。其后制作了多部叫好叫座电影如《无间道》《大事件》等。寰亚与内地出品机构深度合作，开展业务，还与海外机构达成合作，携手开拓一系列国际性的电影计划。
② 《紫雨风暴》是 1999 年上映的港产电影，由吴彦祖、甘国亮、周华健、何超仪主演，陈冲特别主演。影片讲述了失忆的恐怖分子多特带着警方任务回到恐怖头目身边，他在恢复记忆的同时又面临着正义考验的故事。
③ 吴彦祖，著名电影演员，出生于美国加州伯克利，毕业于俄勒冈大学建筑学系。在 1997 年来港后，吴彦祖开始了他的电影以及模特工作。他在 2004 年以《新警察故事》中的出色表演赢得了金马奖最佳男配角奖，随后又以《四大天王》在第 26 届电影金像奖中夺得新晋导演奖，2005 年与尹子维、陈子聪及连凯组成"港版 F4"组合 Alive，推出单曲《阿当的抉择》。2015 年出演了 AMC 电视剧《荒原》中的主角 Sunny，并与好友冯德伦一同担任了该剧的执行监制。
④ 甘国亮，历任编剧、导演及演员，也从事流行文化的创作、创意产业策划，是典型的跨媒体工作者，从事台前幕后多个工作，被誉为香港的文化创意教父，电视剧和电影多元化的翘楚，在影视界，被誉为殿堂级别的金牌编剧。
⑤ 《蛇杀手》是桂治洪执导的一部恐怖片，主演为李琳琳、林凤、甘国亮。年轻演员甘国亮以一头前卫的金发、瘦削身型，出演电影《蛇杀手》的主角，演绎这个沉郁又受社会歧视的变态青年，可谓入木三分。本港电影史上，以蛇杀人为题材可谓绝无仅有。导演桂治洪大卖血腥暴力，凸显蛇杀人的惊心场面，技法出众。

⑥ 姜帝圭，韩国编剧、导演、制片人，毕业于韩国中央大学戏剧电影系。1998年，执导个人第一部电影《银杏树床》，从而开启了他的导演生涯，而他也因此凭借该片获得第34届韩国电影大钟奖。1999年，执导动作片《生死谍变》获得第35届百想艺术大赏电影类最佳导演奖。2004年，凭借执导的战争片《太极旗飘扬》获得第25届韩国青龙电影奖最卖座韩国电影奖。

⑦ 《鱼》，又名《生死谍变》，是由姜帝圭执导，韩石圭、崔岷植、宋康昊、金允珍主演的谍战动作片。影片以朝鲜半岛的南北分裂为背景，讲述了双方间谍之间的较量与爱情。该片于1999年在韩国上映。影片获第20届韩国青龙电影奖最卖座韩国电影、第35届韩国百想艺术大赏电影类奖项最佳电影。

⑧ 昆顿·塔伦天奴（即昆汀·塔伦蒂诺），美国导演、编剧、监制和演员。他的电影的特色为非线性叙事的剧情、讽刺题材、暴力美学、架空历史以及新黑色电影的风格。他的电影叫好又叫座。他曾获得多项大奖，其中包括两座奥斯卡金像奖、三座金球奖、两座英国电影学院奖和金棕榈奖，还提名过黄金时段艾美奖与格莱美奖。他于2005年被《时代杂志》评为"全球100名最具影响力的人物"。影评人及历史学家彼得·波格丹诺维奇也曾称他为"在他那世代中最有影响力的导演"。

⑨ 《落水狗》是一部于1992年上映的美国犯罪惊悚电影，为昆顿·塔伦天奴的处女作及成名作，这电影是最卖弄暴力娱乐化的电影之一。由哈维·凯特尔、蒂姆·罗斯领衔主演，该片主要讲述了六名彼此各不相识的强盗在抢劫珠宝店时中了警察的埋伏之后寻找警方卧底的故事。

⑩ Harvey Weinstein，即哈维·韦恩斯坦，是一名美国电影监制，曾任制片公司执行董事。他是米拉麦克斯影业的联合创始人，该公司曾制作了几部受欢迎的独立电影，包括《黑色追缉令》《疯狂店员》《乱世浮生》和《性、谎言、录像带》。他作为制片人的电影22次提名奥斯卡奖，其中6次获奖。2020年被控性侵罪成，判处23年的刑期。

⑪ 《十月围城》是2009年上映的电影，由陈德森导演，陈可辛监制，甄子丹、谢霆锋、王学圻、梁家辉、李宇春、范冰冰、黎明等主演。该片讲述了1906年10月15日的中环，一群来自四面八方的革命义士，商人、乞丐、车夫、学生、赌徒等，在清政府和英政府的双重高压下，浴血拼搏、保护孙中山的故事。

⑫ 乌萨马·本·拉登，沙特阿拉伯王国利雅得省人，是"基地"组织首领，"9·11"恐怖袭击案首犯，该组织已被认定为全球性的恐怖组织。2011年5月1日，拉登被美军击毙。

36 大哥再出现 坚持的成果

1999年的某夜里,我独个儿在家备了红酒和牛排来准备观赏英超足球准决赛,突然电话响起,电话里头传来一把粗犷的声音问:

"陈德森吗?"

我反问:

"你是?"

对方回答:

"大哥!"

咦!"大哥"是那过去20年来跟我不相往来的成龙吗?

电话里头的大哥又再问:

"你在做什么?"

我如实相告:

"在家里正准备晚餐看球赛。"

大哥续说:

"那就是还未吃晚饭啰?那你过来尖沙咀水车屋[①],我有事找你!"

对于这个20年没有联络过的人,我毫不客气直截了当地问:

"你有什么事找我?"

他道出原因:

"嘉禾电影公司把你的剧本《特务迷城》[②]给了陈自强看,他很喜欢，因此我们决定开拍！"

不知怎的，这20年来成龙见到我都不搭理而掉头就走的画面忽然浮现眼前。

我赌气地回答：

"你是拥有嘉禾的股份，你要拍什么都是可以的，还需要跟我说吗？哪有人会阻止你呢？"

大哥不耐烦：

"你真啰唆，现在出来见面再说吧！"

电话挂了后，脑海里还是挺纠结，于是我一口气喝下三大杯红酒，然后才乘出租车去见他。

记忆中，爱热闹的大哥，每次吃饭总会带着助手、成家班和剧组等一大班人一起吃饭，因此每一次他都要订最大的包厢，但当我抵达尖沙咀水车屋，大哥是在最大的包厢里等我，但敞大的包厢里就只有大哥一个人。

我坐下来，他要我先点东西吃，但因为之前空肚喝下了三杯红酒的关系，其实那一刻的我已有一点微醉，我看到桌面上有一瓶日本清酒，便又二话不说连灌上了三杯，在红酒加日本清酒的情况下，我大概已经进入另一个境界……

大哥开口了：

"既然你为嘉禾写了《特务迷城》但最终没有拍成，而我明年去美国之前还会为嘉禾拍一部电影，便拍你这一部吧。"

在酒精的影响下，我一再强调：

"其实——你在嘉禾想拍什么电影都可以，用不着来问我？"

成龙补充说：

"我的意思是这戏我当演员，你来当导演！"

那一刻的我实在不知该如何应对，只得再喝两杯清酒来壮胆。

我清理一下喉咙响亮地说：

"大哥，20年前我是你的私人助理，但自从辞职后，在这20年间，无论在任何场合碰上你，我都恭敬地上前跟你打招呼，但你每次都只是不屑地斜视我一眼，然后便转身离开，可想而知你是不大喜欢我，你认为20年后的今天，我真的适合当你的导演吗？"

成龙听过我酸溜溜的醉话，先是沉默了片刻，然后他拿起酒杯连续向我敬了三杯日本清酒说：

"大哥今晚跟你说一声'对不起'！"

或许是酒精的魔力，我竟然意犹未尽继续打蛇随棍上：

"大哥，你记得我20年前跟你辞职的那个晚上，你问我为什么要辞职，我说我的梦想是当导演……我从车厢里的后视镜看到满面不屑又念念有词的你仿佛在说：'凭你？得x得？'"

成龙笑了一下回答："其实这20年来，我一直都有留意你。看到你一路默默耕耘，然后走到导演这个位置，也看到你的戏越拍越好，大哥觉得很欣慰，所以今天我邀请你来当我的导演是带着诚意的，将来在片场我的身份是你电影里的男主角，我们好好合作，一起把我在嘉禾的最后一部电影拍好。"

听完那一刻我是挺感动的，大哥也举起杯要和我敬酒，正当我举杯之际，成龙突然说：

"你当日在车厢的后视镜看到我说的话及表情，其实陈德森你尝试跟我换位思考，当年的我也不过是25岁，我从4岁开始跟于占元师傅在荔园游乐场表演，有一餐没一餐地捱到今天，打到浑身伤痕累累才能有机会当导演拍自己想拍的电影，一切着实来得很不容易，但那夜我听到一个什么经历也没有才18岁的你，跑来告诉我要做导演？换作你是我，也可能会说这同一番话，带着那种不屑的表情吧？"

听罢成龙的话，我随即把手中的清酒又一饮而尽，已经快倒下

我与陈自强先生及成龙大哥
摄于韩国开镜记者招待会

的我继续穷追猛打地问：

"那你为什么从我辞职的一天起，20多年来无论我在任何场合跟你打招呼，你理都不理地掉头便走？"

又好像小孩子一样地向大人追问！

成龙正经八百地回答：

"陈德森，我告诉你为何这20年来都对你耿耿于怀。因为由我自组公司及拥有自己班底的第一天开始，从来只有我辞退人，没有人会向我辞职，你是第一个也是唯一的一个，所以我一直都把你记在心里，但又看着你一路走来及拍电影出来的成绩，过去就已经过去了，从今天起我们便以演员和导演的身份好好合作，一起完成

《特务迷城》!"

20年来的郁结和谜团一下子打开了,气氛变得缓和起来,我笑着说《特务迷城》原本是写给25岁的金城武,但……

成龙也笑着答:

"那你便将25岁的金城武变成45岁的成龙,然后把过多的文戏变成动作戏,那便是一部成龙电影!"

我爽快地回答:"我明天便找编剧岸西③商量如何修改剧本吧!"

我后来有机会去一些电影学院及传播系跟年轻人分享电影的经验时,如果时间容许我都会分享与成龙的交往及拍摄《十月围城》的艰苦过程,重点是如何坚定自己的信念及不忘初心!

后记:成龙大哥本来叫"陈港生",是一个有传统思想及念旧的人,所以他身边的很多同事,他都喜欢聘用姓陈的,其中包括经纪人陈自强、制片经理陈自舜、导演陈勋奇、陈嘉上、陈木胜及早年来自国外的摄影师陈氏三兄弟,等等。

---

① "水车屋"是位于尖沙咀的知名日本料理,也是八九十年代的明星饭堂,门口的大水车特别惹人注目,而店铺早年以全女班铁板烧师傅曾造成话题,现已结业。

② 《特务迷城》是2001年上映的电影,由成龙、徐若瑄、吴兴国、曾志伟、金玟等领衔主演。该片主要讲述有奇异的预感能力的营业员小北(成龙饰)在寻找身世之谜的过程中被卷入国际组织间的争夺战的故事。本片在2002年金像奖中夺得"最佳动作设计"和"最佳剪接"奖。

③ 岸西是香港著名电影以及电视编剧和电影导演,擅长文艺片,曾两次获得金像奖最佳编剧,并曾凭借电影《甜蜜蜜》摘得亚太影展以及金马奖等奖项。2008年首次尝试自编自导电影,其第一部电影是由林嘉欣、郑伊健、许志安主演的《亲密》。而另外一部由张学友及汤唯主演的电影《月满轩尼诗》于2010年上映。《亲密》与《月满轩尼诗》均获电影评论学会大奖最佳编剧奖。

37 《特务迷城》严重意外又来了

打从开拍《特务迷城》一刻,我就知道拍成龙式动作电影是有相当的难度,而另一边厢因为大哥很快便要离开到荷里活拍摄《Rush Hour 2》[1],所以我们的前期筹备工作进行得非常紧急及紧凑。拍摄场地除了本港、韩国,还要去土耳其取景,而较为复杂和困难的拍摄都集中在土耳其,所以我便要求大哥准许我去找长期合作的伙伴董玮来协助动作的场面,没料到大哥很爽快便答应。

当我们抵达土耳其时,我便随即入住其中一个主要场景,一幢拥有近百年历史的酒店,这酒店曾经有许多名人入住过,包括前美国总统罗斯福。我挑了其中一个房间,正正曾经是写《东方快车谋杀案》的作家阿嘉莎·克里斯蒂[2]入住过,我希望她能带给我一点

图中的拍摄场景建筑已有百年历史

灵感把未完成的结局剧情想通。一路以来在土耳其的拍摄颇算顺利，直到有一天，因为需要转换场景，我们得到两天的假期，我约了一些新认识的土耳其朋友出外晚膳。当我梳洗过后，从酒店门口步出之际，刚好跟正在返回酒店的成家班成员碰个正着，他和我大约只有30步距离，当我正想和他打招呼的时候，突然酒店旁的横巷传来一声巨响，我看到面前的成家班成员（他刚好站在横巷的路口）面上露出惊惶的表情，然后他大叫一声，看着我说：**阿枫在楼上掉了下来！**"说罢，他即冲入横巷，我随即跟着他走。我看到那一个叫阿枫的成家班成员倒卧在地上，我冲到阿枫身旁，躺在地上的他跟我说：

"导演，我好痛！"

阿枫身上的血随即像泉涌般从身后不断流出，我随即抬头仰望，原来阿枫跟剧组化妆及服装同事在房间里喝着啤酒，他不慎从六楼掉下来（旧式古老酒店楼底不高，他们的六楼等于我们现代建筑物约四层高）。小弟一向是一个见血便晕的人，包括自己流血也会目眩，但在混乱间，我不顾一切奔回酒店找人报警召救护车。他进入医院实施抢救后，主诊医生告诉我们，阿枫身上至少有四至五处骨折，部分还伤及肋骨更触及内脏。不知道是阿枫运气好，还是动作演员本身拥有强健体魄，他在当地医院治疗了一个月便算暂时痊愈。

后来当他出院后我问他出事的当日情况，阿枫告诉我他当晚正在跟工作人员聊天之际，边喝饮料边打开窗，然后手扶着窗台的栏杆，但没想到栏杆松脱，因而失去重心坠楼，就在千钧一发间他在空中扭转身体不让头部先着地，让背部着地才不致丧命，可能是做了多年武师的快速反应救了他一命！后来，一个当消防队员的朋友告诉我，为什么坠楼的人超过某个高度便必死无疑呢？因为人是头重脚轻，当人在高空坠下时必定是头先着地，然后伤及大脑而因此不治。

我们之后马不停蹄继续拍摄《特务迷城》的结局戏，众所周知，所有成龙电影的结局，必须是一场大型高难度的动作戏。为了这场结局，大哥日夜不停地开会，想怎样在动作设计上有许多特别的构思。后来他提出要建造一个有八层高的清真寺，然后让大货车把整幢塔撞倒，构造一个大灾难场面，但当年的特技配置还未有今天的完善，而且大哥希望真实地把塔建出来拍摄而不想借用特效，于是嘉禾公司便请了美国建筑工程师，计算清真寺倒下时需要多大的力量、危险程度及其可行性。最后，嘉禾的几位老板也认为大哥的构思太危险，而且土耳其政府迟迟没有批准，我们最后才改成汽油车在闹市横冲直撞险象环生的版本。

在土耳其拍摄结局戏的现场

电影的结局终于顺利完成了，我们在土耳其还剩下补拍大哥的一些零碎动作镜头，但我还需要去土耳其的中部拍摄没有大哥的序场。之前由于结局戏一直没想好，我们拖延了很长一段时间，原本只计划在伊斯坦布尔拍摄三个月变成四个月，因此也超出了原来的预算。正当我整装待发前往土耳其中部拍摄的前两天，突然收到监制陈锡康的电话，他说公司不同意再花钱去中部拍摄序场，建议我在伊斯坦布尔的街道取景把它完成，我当下非常不愿意，主要是因为之前有过《紫雨风暴》被取消到曼谷拍摄序场的遗憾，这一次我坚持一定要拍。

我不断地长途电话交涉，公司还是一直否决我的要求，**当时只剩下五天的拍摄，我只得愤而请辞。**在我收拾行李正准备回港的时候，剧组里的演员曾志伟和动作导演董玮也来好言相劝，他们希望我打消拍序场的念头，但我坚决说不！虽然那一刻的我心情烦躁，但也打长途电话跟即将合作开公司的伙伴陈可辛交代了一下我的情况。陈可辛了解过后，他给予我一个解决方法，他问我这一场序场戏大约需要多少预算，我说60万左右；陈可辛又问我是否还没有收到导演费的尾款，我说戏还没有拍完，当然还没收到尾期。陈可辛的建议就是，既然我要坚持拍摄序场，便把自己的尾期导演费扣出一半做序场的拍摄预算来完成心愿。

结果，我如愿去了土耳其中部拍摄没有成龙出现的序场，而嘉禾的老板看完毛片，也没有在我的导演费里扣取一分一毫，我不得不佩服陈可辛这个合作伙伴。其实早于拍摄《特务迷城》之前，陈可辛已决定自己开公司，我专责拍摄动作片，他主力文艺片，另外冯意清负责发行，背后全力支持我们的曾志伟负责出外寻找资金。这个序场事件也让我学会了冲动之前先冷静思考有否其他缓冲的方法。

---

① 《Rush Hour 2》又名《尖峰时刻2》，是2001年上映的武术和警察伙伴电影，由成龙及克里斯·塔克主演。这部电影是1998年上映的电影《尖峰时刻》的续集。这部电影的票房高达3.4亿美元，成为2001年北美最卖座电影的第四位。

② 阿加莎·克里斯蒂，英国女侦探小说家、剧作家，三大推理文学宗师之一。代表作品有《东方快车谋杀案》和《尼罗河谋杀案》等。据吉尼斯世界纪录统计，阿加莎·克里斯蒂是人类史上最畅销的著书作家。而将所有形式的著作算入，只有圣经与威廉·莎士比亚的著作的总销售量在她之上。其著作曾翻译成超过103种语言，总销量突破20亿本。

38 Applause Pictures
亚洲电影

离开土耳其回到香港，我除了埋首《特务迷城》的后期工作外，另一边厢我也开始跟陈可辛和冯意清筹备新的电影公司 Applause Pictures[①]，当时我们的公司还没有中文名字，如果一定要有中文名，那就应该名为"鼓掌影画"。

公司开幕邀请函

当年，陈可辛是这间公司的主要负责人，他的**理念是要制作亚洲电影及拍摄华语片**。他负责泰国、韩国和日本，而我便主力内地和台北，大家分工合作到各地发展项目。我们希望创作一些宏观而有国际性的电影，所以后来完成了泰国导演的《晚娘》、本港彭氏兄弟的《见鬼》及中韩泰三方的《三更》，而当时的我便积极在内地和台北两边走。那个时候我在台北认识了优秀导演苏照彬，以及当时内地年轻有为的新晋导演陆川、张一白、滕华涛及徐静蕾等。与此同时我开始积极筹备《十月围城》。

但好景不长，来自新加坡的投资方的份额本来拥有我们公司80%，却因该机构运作上出现问题，最后决定暂时不再投资，但当时的《晚娘》《见鬼》和《三更》都在如火如荼的筹备中，陈可辛为了兑现三地合作方的承诺，而在我们苦无对策及公司资金不足的情况下，决定我俩暂停自己的项目，让公司先把三部合拍完成。因此，我只能够带我自己开拓的项目离开公司。

---

① Applause Pictures 是 2000 年成立的电影公司，以制作高品质的亚洲电影为目标。出品影片包括《晚娘》(2001)、《春逝》(2001)、《见鬼》系列 (2002、2004、2005)、《三更》系列 (2002、2004)、《金鸡》系列 (2002、2003) 及《春田花花同学会》(2006)。

39 金川映画自起炉灶

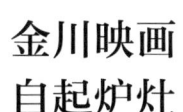

离开了 Applause Pictures 后,我透过朋友认识了银行副总裁曾献基先生,他是我一生中见过最热爱电影的银行家,曾先生家里的中外影碟足有过千只。我跟他提及过电影不应再分大陆、台湾地区、香港地区,希望以后以华语电影的理念来开拓市场,他听完后便积极鼓励我自组公司。

曾经在一个晚膳上,我好奇地问曾先生为何银行会有兴趣投资电影,他告诉我他营运的资金只投资股票、债券及房地产,所有的娱乐事业全部是他私人兴趣,用自己赚回来的钱投资的。

过去,我能够有那么多拍电影的机会,也是基于得到一些好监制的赏识,所以我成立属于自己的公司之后,实时四处招徕年轻的导演加盟。公司成立不久,我首部监制的创业作就是《寻找周杰伦》[1],我找来新晋导演林爱华[2]执导;然后再飞到台北见周杰伦的经纪人杨峻荣先生[3]。当时我们的制作预算并不高,算是小成本制作,但周杰伦的经纪人要我给他三个理由说明为什么周杰伦要接拍这样的低预算电影,而且还是要由新导演执导的。

我给他的第一个理由是:剧本有趣幽默。第二个理由:曾经有一部足球题材的电影叫《寻找碧咸》,如果足球的顶尖是碧咸(◎贝克汉姆),那当时在亚洲歌唱界最优秀的应该就是周杰伦。第三个理由:只需要周杰伦在结尾时出现数分钟,作为电影的完结,这不会对周杰伦的工作及时间有任何影响。

　　结果，他看了剧本后觉得还可以，再加上他很喜欢电影的片名，便随即答应，他不仅给予我们用于电影里的四首周杰伦已录制好的歌，还为我的电影创作了一首全新的歌曲，同时答应于结尾出现，而且只是象征性收取一些费用作为支持年轻导演的计划。在此我借着这本书再次感谢周杰伦先生及杨峻荣先生。

　　为了这一部电影，我到处打人情牌请来陈奕迅、吴彦祖和新加坡的阿牛助阵，电影终于完成，票房却一败涂地，投资人曾先生却对我不但没有任何怪责，他还鼓励我再接再厉，继续为公司制作电影。反正我成立公司的初心是想制作不分地域的华语电影，于是我便到台北组织分公司，请来戴立忍④执导台北版《晚9朝5》，并找来当地的强劲班底，黄志明⑤当总制片，苏照彬⑥担任编剧和执行监制。我心里盘算着，《晚9朝5》能够在本港取得成功，全因为说中了年轻人的夜生活常态，而这一种情况在台北也非常普及，想必会大受欢迎！但结果票房同样是一败涂地！

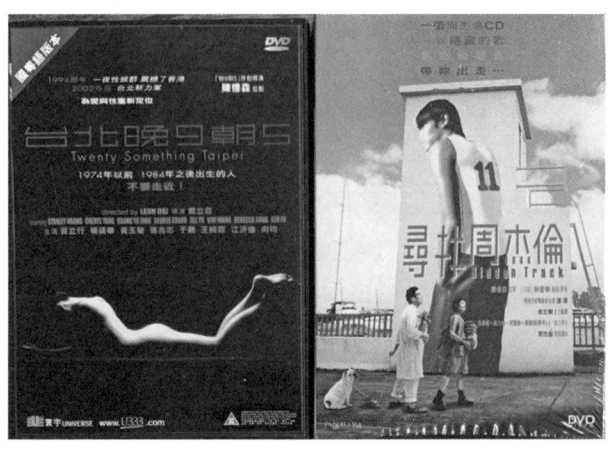

《台北晚9朝5》及《寻找周杰伦》的其中两款海报

后来，我检讨《台北晚9朝5》的失败原因，得出来的结论是我错用了自己为导演的心态去担当监制的角色，虽然我一直拍的都是商业电影，但我却没有坚持要新导演去相信我的商业触觉，任由导演自己发挥，而导致最后拍成了两边不讨好的作品。我因两次失职而准备向曾先生请辞并把公司结束，万料不及曾先生竟反过来安慰我，他说监制经验不足可以再慢慢地一边做一边学，但他认为我的导演功力是毋庸置疑，而且他非常喜欢《十月围城》的剧本，并建议我先放下监制工作，专注拍《十月围城》。

数天后，我初步估算了《十月围城》的预算，大概需要6,800万港币的制作费，但感觉赔本的风险很高，因为当年虽然电影已经开始有内地票房，成绩最好的是张艺谋导演的《英雄》，约一个多亿的人民币，但就算电影票房不错，回到投资者手上的大概只有票房的三分之一左右；换句话说，尽管投资庞大的《十月围城》能有过亿的票房成绩，但也只有3000多万回到投资者手里，至于其他地方能否收回另一半的资金，我真的不敢说！曾先生却告诉我，投资电影或多或少都带有一点赌博成分，但**他深信《十月围城》是一个好剧本，会拍成一部好的电影**，电影面世必定能够得到观众的接受，叫我放胆去干！曾先生提出先投资一半，然后我再去募寻另一半资金。

---

① 《寻找周杰伦》，是一部于2003年上映的爱情片，由《12夜》导演林爱华执导，浦蒲和余文乐主演，浦蒲首次担演女主角，更因本片获得第23届金像奖最佳新演员提名。
② 林爱华，毕业于香港大学文学院，曾先后于美国和香港修读过相关的电影课程，1995年正式加入香港UFO电影公司，担任全职编剧，第一个独力编剧作品是《记得……香蕉成熟时III之为你钟情》，之后曾参与编写《金枝玉叶2》《如果·爱》《投名状》等叫好又叫座的电影。2000年，林爱华编而优则导，执导处女作《12夜》，成功挑战导演岗位。2003年，完成第二部作品《寻找周杰伦》。
③ 杨峻荣，台湾音乐人，2007年与周杰伦及方文山成立杰威尔音乐有限公司。
④ 戴立忍，台湾电影导演，从事电影、剧场、电视以及现代文学创作，专长于导演、编剧、剪辑、表演，曾两度荣获台北电影节首奖，多次荣获金马奖各类奖项。
⑤ 黄志明，台湾制片人，参与了许多电影的制片及监制工作。
⑥ 苏照彬，台湾电影编剧和导演，台湾交大研究所毕业。其编剧作品曾获得入围金马奖、金像奖等多项影展肯定。而后尝试执导电影，第二部执导的剧情长片《诡丝》不但在金马奖入围五项奖项，票房表现亦为当年台产电影之冠。

40 《无间道 2》火人

为什么那么多导演喜欢请导演来客串？以我为例，当我答应另一个导演客串他的戏的时候，我会带着想过多次的更精彩对白及造型来提议给导演，我比通告时间更早到达，并会是最后一个离开现场的非职业演员。

那为什么我当一个导演又会去客串别的导演的戏呢？我叫自己作"换位思考"，可以站在演员的角度去了解现场及去尝试如何用更好的方式和导演沟通，这样会训练到当自己拍戏时和剧组的演员更融会贯通，一起创作！

2003 年初接到刘伟强导演的电话，他叫我客串《无间道 2》其中四大家族之一的老大，二话不说我便答应，因为他的剧组里每一个演员都非常优秀，而且剧本也写得非常好！对我

圈子里的朋友不算多，刘伟强是其中一个

来说又可以再一次当演员的功课实习。

进组前,我还向刘导演提议我们四大家族最后都是死于非命,但是否可以用不同的方式被杀。越讨论越兴奋,结果讨论了一个晚上,决定四大家族分别是给泥土活埋的、乱枪射杀的、被车撞死的……我给我自己设计的是被火烧死!好过瘾!

越讲越兴奋的我说:"被杀的方式是对方推倒火锅炉,同时被炉底下的火再加上对方往我身上泼的酒,而当场被活活烧死!"

好了!拍摄的那一天,作为演员的我上半夜把前段的文戏都已完成,但我一直焦急为什么火烧特效人(我的替身)还没有出现,问副导演,副导演说他很忙,要为明天的通告做准备;问制片,制片说他正要出外买宵夜没有空。已经午夜时分,我一直在担心,怕拍不完(因为自己也是导演)。

结果当大家吃完宵夜后,特技指导到达现场,他手上提着防火衣物及一些拍特效火烧身体用的原料,他随即奔向我,叫我准备换上这些防火衣物。我顿时惊呆了。他说导演考虑了很久,觉得见到样貌会更震撼,所以导演决定不用替身!

当然演员拍戏都有买保险,但一时之间心情却沉落谷底,不过既然加入了剧组,在内地多年学会一句话"自己挖的坑!",而且当天也是最后一天的拍摄,便告诉自己硬着头皮,拍吧!

涂上那层防火液的心情真是难以用笔墨形容,"演员请就位"那一刻,刘伟强还向着我细心地娓娓道来,说当点着火之后,摄影机器开动,我的动作是先撞向面前的桌子,再扑向左边的鱼缸,然后在地上翻滚。

我两眼发直望着刘导演……

我说:"如果你十秒钟内不拍我便没有信心给你点火!"

机器滚动,我整个背点了火,心情真是七魂不见了六魄!我只知道不断扑来扑去但没有方向感，不过最后还是记得在地上翻滚！

镜头完成，我身上灭了火，但却只听到刘导演在骂摄影师，原来刚才我的动作摄影师没有跟得很准，因为我不知道自己的方向，到处乱扑。一时之间，心中非常内疚，便提议在30秒内立即再拍多一次，因为我又怕我会后悔！

当晚监制也在场，虽然大家都知道防火措施做得很足，但我是没有经验的，所以监制认为算了吧，他看回放，两部机器同拍，也觉得只差一点点而已！

那晚，回到家恶梦连连，恶梦的内容是我在超级麻辣火锅内游来游去，但又游不出去！

那个年代香港电影风风火火，大家电影人都一直互相帮忙，所谓两翼插刀！

后来拍《十月围城》的时候我心有灵犀设计了一场戏，就是清兵捉了数个革命分子将他们处决！处决的方式是在河边把他们淹死，而这个革命分子的人选是刘伟强，不作第二人选！后来因戏太长便取消了这场戏。

哈哈！刘导你真的是——走运了！

41 沙士 03
《1:99 电影行动》

2003年沙士（◎ SARS，俗称非典）全港停工，大家都很害怕这致命的病毒，因它比近期的新冠肺炎（◎ COVID-19）病毒还要恐怖，一旦染上了致死率极高，当年香港短短数月内就有300多人因染了沙士死亡！

非常时期接到任命，被选为拍摄11条约10分钟有关沙士的短片叫《1:99 电影行动》[①]，其他参与拍摄的导演有陈果、周星驰、徐克、杜琪峰、韦家辉、陈可辛、马伟豪、罗启锐、张婉婷、林超贤、陈嘉上、谢立文、刘伟强及麦兆辉。

《1:99 电影行动》的 DVD 及海报

我当时立即便答应了。

接下来便组织自己的班底筹备要拍摄的故事内容。

我找来两名编剧和我一起做剧本，我请制片立即把所有和这病毒有关联的人和事都尽量一一搜集资料回来!

短短的一周听完所有的报告，**心情是：难过、哀伤和悲愤！**

我在此向大家分享两则事迹：

人间悲剧——一名刚毕业的医科学生，被派遣到急症室当实习医生，结果感染了沙士病毒，但她病发前是先去拜访了一位亲戚的家再回到自己家，结果把那位亲戚及父母都感染了。她进了医院急救，后来痊愈了，但她接触过的三位亲人都去世了。我不知道为什么，每次提起这桩悲剧时都有流泪的冲动！

人间温暖——一名出租车司机在那段时间接载了一位在沙田威尔斯亲王医院的抗疫前线医生，当那名医生坐出租车抵达医院时，那名司机不肯收钱。

他还说："医生，你辛苦了！这次疫症我帮不了什么忙，但请你上下班时都先致电给我，我能做的就是免费接载你，直到疫情完毕！"

我不知道为什么，每次提起这桩温馨的事迹时，更有流泪的冲动！

本来想了很多方式去表达对2003年沙士的影响和看法，但最后还是用了一个鼓励让大家对未来还是要抱着希望，因此我的十分钟短片叫《向好看》！

在我心目中，有经历过 2003 年的沙士的人，这次面对新冠肺炎（COVID-19）病毒时会变得更小心、更懂得防范，保护好自己及身边的人。

在此，祈求上苍让这本书面世的时候这场疫症已经是过去了！让全世界人民的生活恢复正常！感恩！

---

① 《1:99 电影行动》(英文名：1:99) 是于 2003 年拍摄的电影。2003 年非典型肺炎肆虐本港，专家建议用 1:99 的稀释漂白水清洁及消毒家居，港人生活在一片阴霾之下。有见及此，电影工作者总会发起该行动，邀请 15 位知名导演拍摄 11 条励志短片，借此为港人打气，鼓励港人乐观面对人生，逆境自强。

42　《十月围城》三波九折

  2001年至2003年是一个相比起1997年金融风暴更严峻的时代，香港经济陷入前所未有的萧条，这一场持续的经济衰退剥削了不少港人的财产和事业。

  非常感恩在这样艰困的时候，我竟然还能开拍一部7,000万投资的大制作电影，我雄心勃勃地拿着已有的资金，开展了筹集另一半资金之旅，随之而来，三波九折的剧情出现了。

  直到现在还清楚记得，去找第一个投资者时，他是这样回答我："陈导演，如果每一个导演来要求我投资电影，但又要花四分之一的制作费去搭建你心目中所谓的中环旧街景，**你是把我当成傻瓜，还是以为我是做地产生意的？**"

  我也明白在这样的经济环境下，找寻另一半资金并不会是一件容易事，但我没有气馁，继续找到另一位投资者，他花了一个小时用心地把整个《十月围城》的故事听完，他准备离开之前拍拍我的肩膀说：

  "陈导演，你知不知道你要求的那四分之一的搭景费，这个价钱可以请两位以上的天皇巨星同场演出，如果你是聪明人，应该转变思维，不要花那无谓的搭景钱，**改用大明星上阵，没人会关注那个布景的！**"

  找投资的同时我也开始找演员，如果没记错我第一去找的是刘德华，然后是周星驰及张国荣。

刘德华及周星驰相继拒绝。

至于张国荣的回复我最记得，他其实是把我骂了一顿：

"陈德森，基本上多于两个主角的电影，我也考虑很久，更何况你的《十月围城》有十个主要角色？"

听到这样的种种回复，我当然会有一点失落，甚至怀疑我的剧本是否真的出了问题，还是我说故事的方法太不济？又或是我根本不晓得做电影生意？十万个"为什么"萦绕在脑海里。

虽然在那些日子里，挫败的感觉从没有离开过我，但也可能是不停见演员又不断说故事的关系，越说越投入及有更佳的情绪，每个角色背后的故事及如何成长也越来越通透，不知不觉把我练得更能把故事说得动听。

最后花上了大半年的时间，终于找到郭富城、张震、姜武、梁家辉、陈奕迅、曾志伟、郑伊健、李心洁和特别演出的李嘉欣小姐参演《十月围城》。

与此同时，当日支持我重拍《紫雨风暴》的美国监制 Harvey Weinstein，也有兴趣购买《十月围城》的海外版权，但其实在那个时候，剩下的另一半资金还未有着落，所以我满心欢喜去见 Harvey Weinstein 的电影公司（Miramax）的驻港负责人，结果对方只能给予我 100 万美元作为全部海外版权费，但其实当年《紫雨风暴》的重拍版权费也接近 70 万美元。

我把情况如实报告我的投资方曾先生，他语重心长地对我说：

"陈德森，我从一开始听你说《十月围城》的故事时就已经很喜欢，那所谓的 100 万美元海外发行版权费，我们半毛钱也不要拿，我相信我的眼光，全数就由我一个人投资吧！你不要打乱创作情绪，用心去拍电影吧！"

接下来，我便全心全力展开前期筹备和取景的工作，终于在2003年初落实在广州南海基地的片场里搭建我心目中宏伟的中环旧街景。

眼见主要场景像拼图一样，一天一天地落成，满心欢喜时，可怕的消息突然来袭——沙士爆发。

世纪疫症沙士的源头村落，正正距离我们的广州片场不到15分钟的车程，当时我们已经建组，大伙儿都在片场里积极筹备中。

接下来，几乎所有在广州的港方工作人员家属都打电话给我，有部分工作人员的太太甚至哭着求我放她们的丈夫回港，在无计可施之下，我只能决定停工静待疫情过去。

中环全景搭建中

情况一直持续到8月，在停工的半年里，有一些演员已接了其他工作，不可能再回到《十月围城》的剧组。当务之急，除了另觅合适的演员，另一个更严重的问题同时出现，就是那段时间不停的下雨，大部分已用木制搭建好的场景——被雨水侵蚀而变得霉烂不堪，很多需要拆卸再重新搭建，台前幕后只有美术及道具组留下修复布景，其他得全部再次停工回港等候通告，要待到2004年农历新年后才重新开拍。

虽然不幸的事情陆续发生，但我们还是孜孜不倦期待着《十月围城》的正式开拍，就在这个时候，又一件让人痛心疾首的事情发生了，我的好朋友也是这电影的投资人曾先生用自杀的方式了结了自己的生命，原因是他被人骗去所有的家财，最后他选择用死来解决财困的问题。

那个时候的我才恍然大悟，为什么曾先生早于10月便急着要把余下的资金传到公司户头？他口里说想我安心拍电影，但其实我告诉他拍电影一直都是分期付钱，根本不需要一次性付款，当时的我没有留意曾先生的用意。

在曾先生自杀消息传出的第二天，麻烦的事开始接踵而来，首先是内地的员工不准所有港方工作人员离开酒店，原因是当时正值到期支付第二期内地员工的酬劳，让他们可以回家过春节，但曾先生逝世的消息传遍了香港和广州，内地制作团队深怕我们不负责任不支付薪酬，港方的工作人员要等我付清了内地员工应得的薪酬才能离开。

心急如焚的我巴不得立即赶往广州，但被我的制片人阻止，他们表示工作人员在广州酒店里很安全，只要我们能支付薪酬便能解决一切问题，但当时的律师制止我动用任何关于《十月围城》的在银行的资金。

在此，我非常感谢内地的制片人刘二东先生，当时替我出面调停，我也同时想到办法找来一笔款项让内地的员工安然回家度岁。

在这里我也要感谢林建岳先生，当时他主动打电话跟我说，愿意接手继续投资拍摄《十月围城》，但这个新公司续投的方案也同时被律师劝止，并表示当刻最好一切静观其变，原因是曾先生背后的银行准备起诉所有曾先生私下投资的项目，要追讨所有的投资款作为抵偿，因此那个阶段是不适合再进行拍摄的。

最后，我只能在迫不得已的情况下解散剧组的所有工作人员。

忽然间，一切如梦幻泡影。

43　抑郁症
　　上天的考验

　　每一年我都会送母亲到澳洲让她跟我的姐姐们（我共有三位姐姐，她们都从内地移民到澳洲定居）一起度过农历新年，因为本港的冬天刚好是澳洲的夏天，我也不想老人家被冷到，更加为了避免今年母亲陪我一起面对如此复杂的困局。殊不知，澳洲的亲人透过一些在港的朋友把投资人曾先生离世的消息（报纸头版的报道）传真到澳洲给我母亲看。其实我母亲在去澳洲之前已经有轻微的中风先兆（就是进食时口沫会不自觉地流出，而嘴巴有时候会轻微地歪斜），但一直照顾我母亲的菲佣并没有告诉我，原因是我母亲怕我烦，怕我小小事就逼她看医生浪费钱，所以迫令菲佣隐瞒这件事。母亲在澳洲的家里，看到待我如再生父母的曾先生自杀的消息后，她开始忧心忡忡，然后吃不安、睡不稳。数天后，母亲在浴室淋浴时不慎跌倒昏迷，三小时后才被家人发现，送往医院时母亲仍然是昏迷不醒，她因为中风而晕倒，又因为头撞到地上而导致大脑溢出大量瘀血，医生需要为母亲在脑部开刀做一个大型手术。

　　翌日，我叫助手买机票的同时，又叫她帮我了解一下保险能提供多少协助，另一端也因为《十月围城》的事还未完全解决，我不能实时起行，弄得我心急如焚。不到一会，助手哭着走进我房间向我道歉，原来她这次忘了替我母亲购买旅游保险。我顿时觉得很奇怪又无奈，因为助手连续九年都有替我母亲购买澳洲旅游的保险，为什么偏偏这一年忘了？

我立即致长途电话给澳洲的家人，我大姐说如果没有买保险，母亲又是观光旅游人士，那她每一天的住院费便需要约 3,000 港元，一旦医生巡房，便得要每天 5,000 港元。母亲仍然在深切治疗病房（◎重症加强护理病房）昏迷中，我只得干着急，朋友便介绍了一位周女士给我认识，她是一名术数师，她**为母亲起了一支卦，卦象显示母亲如果在 23 天之内仍不苏醒的话便会有生命危险**，虽然我向来不是迷信的人，但任何有机会能救助我母亲的方法，我都愿意尝试；另一边厢，我的助手订不到往澳洲的直航机票，我只能从新加坡转机去澳洲。在赶往澳洲旅途的过程中，遇到一个令我不能忘怀的人。

我拖着疲惫不堪的身躯，于清晨 5 时到达新加坡机场，我订了当地的酒店稍作休息及洗漱，然后等下午才转机往澳洲。就在机场往酒店的 25 分钟出租车路上，那位大约六七十岁的出租车司机忽然问我可否聊两句，我说可以，他说他看得出我心事重重，人也很憔悴，是否不适？我虽然觉得大家是萍水相逢，但这老人语气祥和，我便把母亲的情况如实告之。年迈的出租车司机问我住在香港哪一个地方。我说我刚买下新房子，但还没有搬进去便接二连三发生了一大堆麻烦的事，司机继续问我是否仍然单身，我答是。他突然说了一句话让我情绪失控泣不成声，他说："**你目前需要的并不是拥有一间屋，你需要的是一个自己的家。**"

一句简简单单的话，在适当的时机出现，让我一下子触动，整个人也因为长期的疲劳及失眠而崩溃了。我记得我一直哭，直到出租车到达酒店，临别前，出租车司机又跟我说了一句话："我的收入大约只有 1,000 新加坡币，但我养大了三个子女，把他们都送到大学，任何困难只要你愿意你肯面对，是没有解决不了的。"我后来给了出租车司机多一点小费，但问题并不在于钱，他的话让我把连日来压抑的情绪完全释放出来，整个人缓解了一点，真希望世界多一些这样的出租车司机。

几经转折终于到达澳洲，行李也来不及安顿便赶到医院，我看着静卧在病床上的母亲，身上插了多条喉管，内心非常难过，但我却什么也做不到，只感到前所未有的无助，如果上天能让我替这位年迈的母亲承受她目前的痛苦，我愿意！未来的数星期里，我每天早上8时开始便与我的姊姊待在医院等候母亲好转及有可能会醒来的迹象，一直待到晚上8时。每一天在深切治疗加护病房里的我，仿佛都在跟死亡擦身而过，因为每天早上看过母亲之后，总不能一直赖在她病房里（有其他重病患者，也没有太多地方可以坐），所以我们大部分病人家属都会待在同一楼层的小小咖啡室里等候消息。咖啡室内往往会坐着不同国籍的探病者，他们的亲人大部分都是在昏迷当中，大家都在等候着病人们的苏醒。

日子久了，我们这群苦苦守候的家属彼此也都变得熟络起来，坐在这间房里会看到几位曾经借过我零钱买咖啡的中东人拥着抱头痛哭，因为他们的家人走了。如是者又过了数天，另一位澳洲籍男子会愉快地买咖啡请我喝，因为那天医生告诉他，他的妻子有迹象会苏醒过来。我一边喝着咖啡一边好奇地问，他妻子那么年轻，为什么会昏迷？他告诉我因为他的妻子一个月前生产时用力过度，挤爆了在脑内存在已久的一个瘤（一直没事所以不知脑里长瘤），而同时另一个瘤也因此压着一条主要大脑神经线，所以不能开刀做手术，这也是他的妻子昏迷的原因。

午膳后，医生通知澳洲男子赶快到婴儿间，把他们未满一个月的女儿抱去给快苏醒的妻子见面。黄昏时分，正当我准备离开之际，澳洲男子垂头丧气步回咖啡室。我见状便买了一杯热茶递给他，澳洲男子便开口说他妻子醒过来，也曾抱了女儿一会，便随后又再度陷入昏迷，主诊医生告诉他，从种种迹象显示，她可能再难以醒来，他苦涩地对我笑了一下：

"不过，幸好她也总算看了女儿一眼……"

我记得我并没有跟这位萍水相逢的澳洲男子道别便立即转身离开，因为我的眼泪已经忍不住不停地掉下来。当晚我突然兴致大发，请了数位姐姐的所有家庭成员一起吃大餐喝红酒，虽然当下我们的母亲都还没有醒过来，但我知道她最想看到的就是我们一团和气地一家人聚在一起。经过深切治疗房咖啡室的遭遇，我体验到"团圆"这两个字的意义和重要性。差不多来到第20天，我还记起那位周女士为我在香港起的那支卦，如果23天之内还不醒来便很危险，当时我越来越感到焦虑，我想找姐姐们商量一下接下来怎么办，但却发现其中一位姐姐在洗手间里偷泣，另一位姐姐也在医院的花园里哭着，她们每天待在医院盼望着母亲今天能否醒来，大家都支撑不住了！其实也难怪我的姐姐们，**每天在深切治疗病房经历各种生死，情绪特别容易崩溃**，所以我毅然走到母亲的病床前，对着满身插满喉管的母亲说：

"妈！我知道你好辛苦，但姐姐们也很辛苦，数天后我的签证也到期了，必须回去了，你现在有两个选择！要不就快苏醒过来，要不……好好地走吧！"

其实我也不知道在那一刻我如何有勇气说出这样的话！说了有用吗？能听到吗？但我不管。我只知道情况再这样持续下去，全家人都会崩溃！

奇迹发生了，在母亲昏迷第21天的晚上11时左右，深切治疗病房的护士打电话来通知我们，母亲终于醒过来了。我们立马赶去医院，虽然母亲醒了，但只是恢复意识，认不出任何人，不过总算暂时脱离危险期，因为如果她再不苏醒，很有可能会变成为植物人！与此同时，我要赶着回去处理《十月围城》余下的问题，因为律师告诉我，曾先生背后的集团可能向我提起诉讼，匆忙间我把行李收拾好，然后跟我的姐姐们商量分工照顾母亲的事宜。

我二姐住得偏远，从她的家里去医院一来一回也得要6个小时，现在母亲已醒来，而且暂时度过了危险期，也可以进食流质食物，所以便决定二姐有空才来，而大姐一、三、五照顾母亲，三姐则负责二、四、六三天，周日大家休息喘口气，我答应她们一旦处理好公司的事便立即回来澳洲。

回来后，我即马不停蹄和律师商议，如何面对曾先生背后财雄势大集团的起诉，他们的目的是不是要取回在公司户头的余下存款。大约是回来的第五天，我突然收到三姐的电话："弟弟，抱歉我在未来的日子可能不可以再照顾母亲了！"被诸事缠扰的我突然感到很愤怒，甚至想用脏话来痛骂她，但我忍住了，我只能问她不能照顾母亲的原因。她说她左边面颊痛了很久，因为有时间的空档，所以便去了医院做脸部抽取组织检查，结果，化验报告出来是她的左边脸患了淋巴癌，需要做手术把坏的组织切割掉。那一刻的我真的无语了，只能对三姐说：

"你放心去好好治病吧！我会尽快赶回来！"

电话挂线后，我感到有点不大对劲。因为以我所知三姐的性格，如果遇上这样的事，她怎会如此平静？于是我又再打电话给三姐，问她是否有信心面对这个病。她崩溃大哭着说：

"没有！"

我安抚着三姐说，既然大家都有宗教信仰，我们去祈福吧！勇敢地面对，如果这一次能够逢凶化吉，我们一定要多做善举！后来听说三姐当时真的去了祈愿。那一夜,我独个儿站在家中的阳台,我仰望着天空对着上苍说:"你打我五拳,踢了我十脚,然后把我从十楼推下来,我也能好好的没死,尽管来吧,我已练成金刚不坏之身,我什么都不害怕!"

其实,那一刻,我的抑郁症已经出现了。

病愈后与数名曾患抑郁症的病愈者一同出的一本书

44 温哥华之旅 心与灵的讲座

那一刹那开始,我也不知不觉地选择逃避现实。

公司跟我的家只有一个街口的距离,但回来之后我却一直不愿意回公司,每天只管躲在家里的房间,最长试过两日两夜不出房门,只命菲佣把食物放在房门外,我不要有任何打扰,就算需要向公司员工发薪水,也只是命助手把支票放到我家便得离开,待我签完后才再回来拿取;至于被起诉的事,律师只能打电话来我家对着话筒商讨,因为我把手机都关上了,除了助手和律师,**我不再跟任何人联络,我的抑郁症症状越来越严重!**

后来我才知道抑郁症的症状是有五个阶段,当时的我已进入第四阶段——逃避。

律师知道我的精神状况出现了问题,所以把我和对方律师的会面安排于一个月后才进行商讨及解决。

在这段期间,一位出了家的前制片同事欧女士,她说她会带领一些佛教的团体出发往温哥华,这是一个关于心灵的旅行,她希望我考虑能一起去。

当时我想反正那一刻我只想避开一切,而且我有一个感情要好的小学同学及姨妈的子女都移民温哥华,离开一下去探望他们也未尝不可,因此没有太深究行程便答应参加。

英属哥伦比亚大学（University of British Columbia），位于加拿大温哥华市

到了加拿大才发觉，我们会参与一个名为"心与灵"的讲座，神奇的是讲座竟然出现了不同教派的领导人，他们是来自西藏的藏传佛教、非洲的基督教大主教、波兰的伊斯兰教学者，以及曾获得诺贝尔和平奖的一位女士和一位住在温哥华灵修无神论的女修行人。我最大的好奇及疑问是无神论怎么和三大不同派系宗教人士同台演说？

接下来，神奇的事情继续发生，原来当天的入场券是在温哥华佛教团体的秘书长手上，但我们都无法联络上他。

大家付上昂贵团费都是为了来听这个讲座，正当众人感到彷徨焦虑之际，突然我接到曾经和我合作过的女演员李绮虹的短讯（◎短信），她是透过其他朋友得知我来了温哥华。她提议晚餐之后请我到当地唐人街著名的雪糕店吃冰淇淋，我便向其他团友提议一起去，心想着甜点会让人心情变得好一点。

殊不知，我们竟然在雪糕店里碰上那位秘书长，票自然而然取到。

第二天到达了会场，大部分来听讲座的都是社会的精英，当中有知名的大律师和大医生，我也全神贯注地听到最后。我发现台上五位不同界别的领袖，不约而同都是想传达同一个信息，就是不论任何宗教信仰，其实到最后给予你的都是一种信仰上的精神力量，但却不可以倚赖，而且所有的问题都有答案，都可以解决得到，不能解决的原因是你不去面对问题，这是问题的根源……那一刻我完全醒悟过来，而且在整个过程中，我数次被深深地触动而落泪。

我步出会场，感到如释重负，当晚在自助餐晚宴上，我吃了两个人份量的主食，而我也觉得我顿悟了！

我深深明白到宗教犹如日间的太阳，可以给予我温暖，但晚上还是一定会消失，而且不一定有明月。没有太阳的指引，便要靠自己向前走找出路，其后我经常以过来人身份，跟有抑郁症的朋友说四句话，就是每当遇上问题便得要：

（1）面对它

（2）接受它

（3）处理它

（4）放下它

回到香港，我欣然面对困境下所发生的问题，打开电话簿。我发现原来自己有许多医生朋友，其中一位甚至是医院的副院长，于是我逐一致电他们，请教他们有关母亲开刀的事。其中一位医生朋友问了我一些无关痛痒的问题，母亲在昏迷前有否大声喝骂我，有否打麻将，有否抽烟。我的答案是全都有，医生朋友认为母亲昏迷前是如此的健康老人，开这一刀还有什么可以输掉？

结果，我母亲顺利开了一刀，手术亦算成功。

然后，我再打电话给一些律师和法官朋友，向他们请教有关我被曾先生背后集团起诉的问题，他们大部分的答案是对方只是想取回有关的钱，如果我没有动用过那笔资金，根本没有什么好害怕！

我还可以就筹备拍摄《十月围城》的损失，得到公平的赔偿。

结果：我们双方和解，我归还一切公司户头的款项，而对方则把公司曾拍摄的电影版权给我。

接下来那一段期间，我也接受了一些气功及抑郁症的治疗，最后发现治疗是有帮助，但效果却万万不及自己挺身站出来面对问题更有效，因为自我心理的治疗（面对它）才是最重要的。

总结整件事情，当我知道自己患上抑郁症，到后来懂得治愈方法后，我有一个顿悟，就是我发现自己前半生进入电影行业后，生命里便仿佛只有电影，早上为电影工作，午餐约人谈电影事宜，下班由 happy hour 到晚饭都是和电影人在一起，每一刻都是离不开电影的话题。一旦电影能够成功固然是高兴，但如果失败了，我便像失去了一切、世界末日来临一样。所以由那一天开始，我决定要在我下半生里寻找更多的人生目标，做任何事都让自己轻松和变得更快乐。

这个目标就是学会了"行善"。

45 励敬惩教所学童电影班

佛教团体的好友问我有没有兴趣到男童院[①]探访一群青少年学童，并且以自身的人生经验去跟他们交流，也鼓励鼓励他们的未来？

如果我的经历真能帮助到这一群青少年犯，我当然是非常地乐意。

于是，在某一个礼拜天，我们来到了励敬惩教所进行探访，接见我们的负责人是惩教事务监督梁国荣先生，他先告诫我们如何去跟青少年犯人交流，并叮嘱我们什么可以说，不能做任何承诺，而且什么不能够宣之于口。

然后，我们被带到其中一个像教室的房间，房里坐着50位男童，其中一个让我印象深刻至今，他是来自内地的新来港者，一开始便用充满怨恨的眼神仇视着在台上的我，所以我常常故意地走到他的面前说话。我记得第二次探访时也不时地走在他面前说话，当我说到人生遇上最难堪难过的事时（墨尔本深切治疗病房时的所见所闻），他的态度好像开始慢慢地软化，原来他也有过丧母之痛的人生经历。

如是者，第三次到励敬惩教所探访时，他已经没有了之前的怨恨眼神，而换上一种友善的笑容，他甚至会主动向我发出提问，问我经历了那么多困难艰苦是怎样挺得过来的。他这个改变让我甚感欣慰，虽然不知道我的说话能否真的帮助到这一群男童，但起码我知道他们都把我的话听进去了!

之后,梁国荣督察邀请我们到赤柱[2]员工宿舍共进晚餐,原来他当晚还把惩教署署长也请来了,梁督察和我一样喜欢杯中之物,酒过三巡后,他问我:

"你有这么丰富的拍电影经验,不如来教这群小朋友拍电影?让他们将来多门手艺。"

惩教署长应和着说:

"这样一来,他们离开了这里或许能有多一个出路。"

当时不知哪来的胆量还是喝了点酒,我竟然一口便答应了:

"好!就让我来励敬惩教所成立电影班吧!"

励敬惩教所的外貌

翌日，梁督察一大早便打电话来问，应该从何开始成立电影班？才刚睡醒的我其实有点后悔，不过我还是要求他给我多一点时间思考如何去安排。

电话挂上后，我知道大事不妙，我会否更误人子弟？

经过一夜的深思熟虑，我打电话回复梁国荣督察："首先，我需要知道有多少人会报名电影班，这才知道应该怎样去安排。"

还没过三天，梁督察便回复我："电影班的反应非常雀跃，总共有32人报读。"

首先，我把32人分为A、B、C、D四组，每一组8个人，分别负责编剧、导演、制片、副导演、道具、场务、摄影、服装和化妆等8个部门；第二阶段是四组里所有学员每人都要写一个10分钟的故事，故事最精彩的便担任导演之位，其他的人就以抽签形式分配到其他的电影岗位。

过程中有一段小插曲，当日在教室对我表现得极为不屑的那位学童，其实他是当中年资较高及身材最壮的一位，其他的学童对他既崇拜又害怕，而他抽到的岗位是副导演，所以他立即对我做出投诉：

"我不可能做小弟们的下属！"

他之所以有那么大的反应，是因为他那组被选为导演的是原来一直跟在他背后的一个小弟！

我语重心长地解释：

"其实组织电影班，就是想你们知道电影绝对不能够一个人便做得成，这是一项需要团结的工作，而且将来你们离开这个地方，回到社会也得要和其他人合作才能生存，才能自力更生，如果你能够克服到这个问题，将来再次融入社会，让其他人接受你，相信也不会再有问题！"

结果，他无奈地接受了副导演这个岗位。

与此同时，我找来四位朋友帮助一起完成任务，他们分别是陈荣照、梁本熙、刘国昌和关柏煊四位导演来当导师，而我就成为四个电影组的幕后推动者。后来关柏煊导演因手上工作太忙而退出，我便请林华全导演替代了他，因为林华全本身也是出名的摄影师（电影《香港制造》的摄影师），因此他还帮忙其他三组充当摄影指导。剪接导师由当时我的助理许宏宇负责，音乐导师便是大家熟悉的金培达老师及伍乐城老师来担任，最后我便负责总监制的角色吧。

我们接下来两个月的时间分配，是每个星期日都用作拍摄天，每一组学员需要在一个月内的四个星期天，各组完成一部不超过十分钟的作品。

拍摄期间，奇怪的是其中两个组别的学员分别要求故事发生在中秋节，我还很好奇为什么情节会这样凑巧。后来梁国荣督察告诉我"凑巧"的原因，是惩教中心每逢中秋节都会为学员加菜，每人会在晚餐时获加派一只鸡腿，所以学员故意把故事安排在中秋夜发生，这样一来便可以名正言顺要求道具加一只鸡腿，其实他们都很聪明的！

结果，四部短片在拍摄完成后的下一个月里，也在导师们指导之下，把后期的工作准时完工。最后我和梁国荣督察为四部短片做最后审核，确定情节是否能通过，同时也决定把四段短片在励敬惩教所放给300多名学童及其家长们观看。

大家看完后反应都不错，我和导师们终于松一口气！

监狱处共设置了24所牢狱、惩教处及看守所，每一年各监狱、惩教处和看守所都会联合举行一次才艺表演的比赛，而这次梁国荣督察准备用学童的四部短片作品作为励敬惩教所的参赛项目，但这个构思被总署拒绝了。原因是总署认为不适合让表演者的脸曝光，一来担心被观众记住他们的脸，日后他们回到社会或会被这些看过表演的家长或亲属评头论足或鄙视，**总署提议除非把参演者的脸全都在影片里加上马赛克。**

我那刹那心有点急了。因为如果全程看不到表演者的表情，演员演出没有情绪及表情的呈现，那戏剧怎么表现？将会是极奇怪也不合逻辑的表演节目。在进退两难之际，32位学童的家长竟然一致写信给梁督察，说他们全部同意所有参演者和台前幕后工作人员都可以曝光，不需要打任何的马赛克，因为家长们认为他们用心拍也演得有水平，一切都要呈现出来，所以这次他们的演出是别具意义和有价值的。

后来在会场播出后获得一致好评，我们五位在场的导师都感到非常欣慰！

也要特别感谢刘德华先生，这一件事情发生之后不久，我他特别在他的世界巡回演唱会中加插两头白醒狮的表演环节，而负责两只白醒狮的4个表演者，便是报读电影班的32名学童里的其中4人。

今天再回首，虽然当日下了这么一个鲁莽的决定，但最后竟然也能完成这个在心目中一直认为不可能的任务；而且，我另一更大的收获其实是因为这件事而认识了梁国荣督察。

他在我2008年第二次拍摄《十月围城》、抑郁症再度复发的日子里，一直在我身旁不离不弃地陪着我，直到等我拍完大结局他才离开我们在上海松江的摄影基地。他每天一大早陪我吃完早餐便陪我坐在监视器旁，然后跟我小声地说：

"情绪按不住要骂人便骂我，把压力释放在我身上，然后收工回去喝点小酒放松，减减压，就没事！很快就过去的……"

被梁先生感动的同时也发生了一些小趣事不得不分享，事缘有一天我们要拍谢霆锋与王柏杰的一场戏，其中最后一个拍谢霆锋的镜头一直不顺，其实我们已没时间要转景了，等拍到第七条时，我觉得第二条还可以就觉得可以过了，当我喊：

"过！"

坐我旁边的梁先生忽然说："好像还差一点，不如再来一个吧！"

当时扬声器的麦克风在我俩面前还是开着，我发现霆锋听到了他在说，用一种怪怪的眼神看着梁再回看我。

我立打圆场：

"霆锋你照第二条来，情绪多给一点其实就差不多了！"

梁先生面上出现了坚定又同意的笑容，我在想，他这笑容是我说得对还是在赞赏自己呢？

当拍摄完成回港后，我告诉梁先生我非常感恩和他成为挚友的这个缘份。

后来我还告诉他，其实那天霆锋的戏我因为心急也没调教到最好。他用一种充满自信的表情回答我：

"我这种充满人生经历的副导演是很难找的！"

但很可惜的是这位好友 2020 年因癌症往生了。

---

① "男童院"，香港社会福利署（社署）以社会工作手法执行法庭的指令，为成长路上有适应困难的儿童／少年及少年违法者提供住院训练服务。为使各种服务产生协同效应，以及让不同类别的院童能够分享设施，提供收容所、羁留院、核准院舍（感化院舍）及感化院等法定功能。

② 赤柱位于香港岛南区赤柱半岛，浅水湾以东，石澳以西，是著名旅游景点。该地设有惩教署下辖的监狱，长期作为关押重犯之所。

46 《童梦奇缘》父子情意结

一天，寰亚电影公司的老板林建岳先生约见我，他说刘德华仍有一部电影合约在他们的公司，但迟迟未找到合适的剧本，问我可否准备一些故事题材去跟刘德华见面聊聊。

华仔是我一直想合作的演员，当然愿意啦！

数天后，寰亚的负责人和我一起去刘德华的拍摄现场探班，乘着剧组放夜宵的时间，我连续向他详细地说了两个动作电影的故事，刘德华听罢后无精打采地伸了一个懒腰，然后打着呵欠对我说：

"我已拍了超过一百部电影，也拍过无数的动作电影，在这一刻对动作电影实在感到有点儿厌倦，**你回去想一下有没有一些非动作又特别一点的题材。**"

刘德华把话说完便想转身离开，我突然冒出一句：

"我有一个关于父子亲情的奇幻电影故事，我暂时把它取名作《童梦》。"

刘德华瞪大眼睛看着我，然后说他想知道多一点《童梦》的故事内容。

其实这个故事我1993年拍完《晚9朝5》后已经开始构思，足足有十年！于是我便开始讲故事……

《童梦》是讲述一个十岁的小朋友，因为母亲病逝后，父亲便立即另娶，所以他非常讨厌父亲和后母，决定离家出走，过程中遇上一位神人，此人有一药水，喝了能够让他一天变大十岁。误打误撞，这小朋友接触了这种神奇的药水，于是便在这快速成长的过程中，他发现原来一直误会了父亲和后母，但一切已经恨错难返，于是他在有限的时间里尽力去弥补他的错失……

其实，《童梦》也是我和父亲的矛盾，我如实告诉刘德华，我一直等到自己父亲离世后，才真正明白"子欲养而亲不在"的感受，而我对他的怨和恨只会让自己一辈子活在痛苦里。

接下来，我和他都静止了十数秒，然后刘德华笑着跟我说：

"我们就拍这个电影吧！"

后来，从寰亚电影公司同事口中得知，原来那段时期刘德华的父亲刚好得了重病，可他总是太忙而没经常陪伴着父亲，所以当日对我说的一句"子欲养而亲不在"他特别动容，故他只花了十数秒的考虑，便决定接下《童梦》这一部电影，让我能够实践我一直坚持做的正能量和有希望的商业电影。

《童梦奇缘》开镜礼上合影

《童梦奇缘》开机当天的合影

　　从一开始，我便把《童梦》设想为跟美国导演添·布顿（◎蒂姆·伯顿）的奇幻电影系列同一取向，我希望戏中会有许多特技镜头令情节更奇幻，但一直以来陈德森早已被标签为"动作电影导演"，公司对贸然拍摄文艺片的我还是没有绝对的信心，所以便把原来的制作费扣除了四分之一，而且要求我自己的公司负责"包拍"[①]，让我极度犹豫不决，甚至想过拒绝接拍，但自己公司的几位同事苦苦相劝说：

　　"这么多年，你一直想开拍《童梦》，这是你对父亲的情意结，也是你的心结，我们一起努力在预算内把电影完成吧！"

饰演刘德华少年版的演员薛立贤

由于制作费非常紧张，除了刘德华的片酬不包括在制作费内，其他演员的费用也相当紧绌，后来**刘德华知道了，便自掏腰包加强演员阵容，这也是我那么多年来一直都很尊重华仔的原因。**

直到现在为止，《童梦》也是我唯一的一次"包拍"也是最后一次！

结果，这部正式取名为《童梦奇缘》的电影，在当年的内地票房只属一般，反而在香港取得2,000万票房的好成绩，更成为该年度票房排名第二位的香港电影。一直都想拍一些能够发放正能量的电影，让观众离开戏院时还对明天怀着希望，也希望电影内容能为观众带来一些启发和意义，但万料不到我的电影还真能对某些人造成颇大的影响！

事缘是……

某天，我接到了一位异性朋友的电话，电话里头的她说有一位陈姓长者想跟我见面，我问原因，她说跟《童梦奇缘》有关。

翌日，我便跟我的异性朋友一起去见了这位陈先生。我们在他位于观塘的办公室里跟他见面，当日他的太太、儿子和媳妇也在，陈先生甫见我便冲上前紧握着我的双手，他带着微笑向我连声说了两次：

"多谢！多谢！"

对于他突如其来的举动，我感到非常讶异，到底他为什么要多谢我？

陈先生告诉我，他已经70多岁，从小时候便开始憎恨父亲，**仇恨让他患上了严重的抑郁症，然后渐渐变成狂躁症**，生活变得没有规律之余，一旦太太对他做出劝诫，便会感到莫名的愤怒，后来还和太太交恶，更与儿子和媳妇不和，最后搬离家独个儿生活封闭自己。其后，他一位朋友劝他到台北参加一个助人解决心结的团体，一共四天课程，这课程叫"圆桌"，他也不知道为了什么原因，糊里糊涂便去参加。四天的课程里，不论是因为感情或亲情出了问题，在课程中的第三天都会各自被分配去看一部电影，陈先生的问题是源自亲人，所以那一天的他便被安排看了《童梦奇缘》。看完后的那一夜，他反思了，顿悟了，明白了，也释怀了。陈先生回来之后，主动向他的太太、儿子和媳妇道歉，一家人得以和解，再次一起生活重拾天伦之乐。

这件事情，让我更加坚定未来的创作目标，就是一定要释出更多的正能量。

电影给予了我创作的空间及安稳的生活，我也要用它来回馈社会。

---

① 包拍是指投资方向制作方投放一笔款项作为电影制作费，最终不论电影是低于或高于该制作费，投资方也不会再出资或取回剩余的款项。

47 榕光社长者服务中心 独居长者

2007年,我接受一本名为《温暖人间》的杂志访问,内容除了围绕我的人生和电影,最主要是提及我在首次拍摄《十月围城》时所面对的种种压力及困难。其后因为《温暖人间》这本杂志经常报道许多有关慈善活动及不同宗教的人和事,我便从那时候开始订阅。有一天我在其中一期杂志看到一篇关于"榕光社①长者服务中心"的义工团体的专访,这个慈善团体是由一群义工所组成,访问里同时提到一些关于他们为独居长者服务的事情,让我对这群榕光社的义工产生了一些敬畏的心,于是便透过杂志社的总编辑约了其中两位负责人,分别是主席聂扬声先生和副主席林桂霞女士见面;经过详尽的了解后,原来榕光社长者服务中心成立于1992年,最初成立目的是帮助一些老来无依的独居长者义务搬家,也会不定期提供免费家居维修等服务,其后因为发生了一件事才让榕光社对这一群独居长者有了一个新的使命。

事缘一天,榕光社的一位义工接到警察来电,通知他立刻去一位曾经被协助的独居长者的家里。当义工到达时才知道这位长者已经去世多时,而现场其中一名警员告诉义工,找他来是因为离世长者的手机里就只有一个人的联络电话,而那人就是他,所以警方只有联络义工来查询长者有否其他亲人的联络方式。

义工告诉警员,他知道长者有一个儿子定居在内地,警员问他有没有方法联络那人。据义工所知，去世的长者有一个用来收藏重要物品的旧饼干盒，他们发觉该盒里除了放置一些证件外，还有一本手写电话簿，簿里有他儿子的电话号码，当时警员随即请义工打电话联络去世长者的儿子。以下就是电话里义工和长者儿子的对话：

义工：（电话接通）你是否XXX的儿子？

对方：我是。

义工：你爸爸刚过世，现在有警察在你家，请你回来处理你爸爸的身后事。

对方：（反问）你是谁？

义工：我是榕光社义工，曾经照顾过你爸爸。

对方：我爸爸也跟我提起过你，其实，我移居内地多年，已经好久没有跟我爸爸往来，所以他的身后事，倒不如交给你和榕光社处理吧！

义工还来不及回答，长者的儿子便挂断了电话。

由那一刻起，榕光社便开始拓展帮助独居长者的义务工作，除了搬家维修，还会定时上门探访、中西义诊及处理他们身后事的项目，该项目名为"夕阳之友"计划。

"开心来、尊严活、安心去！" 便成了榕光社从此以后的口号！

一年一度长者团年饭

了解更多以后才得知原来榕光社长者服务中心并没有真正的会社，只是在善心朋友的制衣工厂里放置两张桌子和电话来充当办事处。回家思考了一个晚上，我决定为他们举办一个筹款晚宴，目的是能让他们有一个正式的会社。

　　结果慈善晚宴一共募到了200多万，成功为榕光社在本港竹园南村里设置了一个3,000多英尺的新会址。这些年来，榕光社的长者会员由当初不足90人增长到现在900多个会员。时光飞逝，2018年我觉得榕光社长者服务中心已渐上轨道，我也该是时候去协助另一些较弱势的慈善团体，但主席聂扬声先生语重心长地把我挽留，并告诉我，他于2008年初成立会社之初已有一个心愿，就是筹建一所慈善安老院，而从2008年到2018年这十年间，榕光社在筹办兴建慈善安老院的募捐项目里已经筹募到差不多2,000万的善款，只可惜善款一直追不上楼价，所以安老院迟迟未能动土兴建。

　　那一刻的我其实非常犹豫，因为《征途》开拍在即，筹备工作进行得如火如荼，如何能分心去协助榕光社？但因为"子欲养而亲不在"是我人生中一件极其遗憾的事情，另外**我觉得自己很快也会成为独居老人**，经过深思熟虑后还是下定决心，再举办一次大型晚宴筹款！

摄于募款晚宴

当晚结果得到一群无私有大爱的陆港台商界和演艺界好友支持，晚宴募款非常踊跃，我们最终募得1,100万善款，因此在三个月后购置了一个5,000多英尺的大厦单位作为安老院的会址，亦于翌年装修改建！

慈善安老院，那"慈善"两字的定义是什么？在本土这个环境里，其实许多独居长者入住安老院后，他们或多或少都会有一种只是在收容他的地方活着，等着离开人世的心态，而我们的成立就是不想长者有这样悲伤的想法。榕光社慈善安老院，除了本身按政府规格一定要聘用一定数量的职员以外，我们还有多达70名义工为长者服务，因此每一位长者都可以选择他们喜欢和投契的义工去照顾自己；同时为了让入住安老院的长者住得开心，长者除了把政府长者生活津贴②用来支付老人院的住宿费外，我们会把购买安老院余下善款用作安排不同类型的节目及活动。譬如义工可以陪伴长者出外观看戏曲表演，不定时举办气功班、太极班、插花班、绘画班及一些健康讲座，每月安排艺人探访及表演，而同时根据住院长者的健康状况安排一些点心美食让他们享用，让长者住宿在安老院期间感到开心及生活充实，如往后的经费欠缺便从每月的慈善捐款③中拨出部分作为补贴。

"慈善安老院"筹款活动基本上已竭尽了我所有的心力……但我未来还是希望全港的每一区都有一所像这样的慈善安老院，能让入住的每一位独居长者感受到我们的口号：

"开心来、尊严活、安心去！"

---

① 榕光社自1992年成立以来，一直致力开展不同的服务，有关怀独居长者的善终服务"夕阳之友计划"、惠及低收入家庭或长者的"惠膳计划"、促进邻里互助的"助膳计划"、关悯病者的"中医赠医施药""流动中医医疗车"等服务均惠及独居长者及露宿者，彰显人与人的关爱。另外为了让长者度过有尊严的晚年生活，现筹建一间甲级的院舍，让长者老有所依。

② 长者生活津贴，包括普通长者生活津贴及高额长者生活津贴，旨在为本港65岁或以上有经济需要的长者每月提供特别津贴，以补助他们的生活开支。普通长者生活津贴及高额长者生活津贴现时每月金额分别为港币2,770元及港币3,715元。

③ 榕光社每月均有善长定额捐款，所有善款均会用于榕光社的多项服务，如：
夕阳之友计划 ⇒ 施棺行动 / 惠膳行动 ⇒ 饭盒 / 赠医施药 ⇒ 医师诊金 / 共建老人家 ⇒ 安老院舍。

48 十月再围城（1）台前幕后

2008年，我记不起详细的日子，只记得2007年我接到陈可辛的电话，他问我是否愿意出让《十月围城》的剧本。我直截了当地说：

"《十月围城》的剧本绝对不会出让，**就算我这辈子没条件拍，将来也只会把剧本带进棺材！**"

在我而言，《十月围城》已不只是一部电影，这是我人生里的一件重大的事！

陈可辛表示，他只是不想浪费一个好的剧本，并说如果我愿意的话，可以由我来执导，他担任监制。然后他也告诉我因为他刚拍毕的《投名状》得到很好的票房成绩；而且另一边厢，冯小刚导演的《集结号》同样有很好的票房，内地市场已经扩充了，现在是时候负担得起像《十月围城》这样的大制作。

我斩钉截铁地说："但我仍然坚持要搭建我心目中的那个城，重现1905年的皇后大道[①]！"

陈可辛："你放心，我现在告诉你，今次《十月围城》搭的景，将会比你当初想象的还要大两倍！"

于是，我们便开始筹备建组。

自从香港电影进口内地，直到合拍电影的出现，内地的黄健新导演都担当着一个很重要的角色，他也是我和内地电影局及内地投资方之间的重要桥梁。

其实黄健新导演在我 2004 年第一次开拍《十月围城》时,他已经非常地支持我,为我跟内地电影局沟通,让我的剧本能够顺利通过,所以这一次陈可辛亦找来黄健新合作,他们一起联合监制,他的加入对我对整个制作团队也绝对是如虎添翼!

随后,我们的投资方是博纳电影公司的老板于冬先生,因为于冬先生一直都很支持香港电影,他也是当年内地投资最多港产片的电影公司老板。

由于大家都相信《十月围城》会非常成功,所以大家都齐心一致地开始了前期筹备的工作,而我们首要处理的事,便是要开始张罗演员。陈可辛深知道一部电影需要多至十位出色演员参与并非容易事,所以每当我们跟演员说故事时,都会强调"维多利亚城"这个城才是电影里的真正主角,保护孙中山事件才是主线,所以大家演出的角色都是各有特色、各怀所长,希望大家别分彼此,同心协力完成一部佳作。

一众演员在主景拍照留念

接下来是寻找演员的过程，我在此必须向所有参与的演员再次道谢，因为所有演员都愿意减收片酬，并且主动配合档期。最要命是《十月围城》是一个发生在清朝的故事，大部分男演员都需要剃头演出，剃了头便不能接拍其他电影。

而当中有数位演员，我还是要提一提的。

我连同两位监制一起寻找王学圻老师饰演戏里投资革命的老板"李玉堂"这个重要角色，他看过《十月围城》的剧本后，也觉得"李玉堂"这个人物写得很好，只是怀疑身为北京人的他，是否能把一个祖籍广东的"李玉堂"演绎得传神。我们当然深信王老师能胜任，闲聊间我们提及王老师在《梅兰芳》中饰演的十三燕角色，我向他表示他演得非常精彩。

我："在《梅兰芳》中，你的京剧唱得那么好，你一定很喜欢京剧吧？"

王老师："我不太爱听京剧。"

我："为什么？"

王老师："我的母亲才是京剧的狂热票友，早于我的中学年代，我放学后在家温习功课时，母亲就会和她的姐妹们在家里的客厅唱戏，让我根本难以专注。入行后，作为一个专业的演员，既然接《梅兰芳》这电影，一定得想法子把戏演好，所以早在电影开拍的前半年，公司便请了京剧老师教我唱戏，而我自己也请了私人老师教唱腔及摆手，每天双管齐下地学习京剧。"

一个不爱京剧的人，却能够把一个京剧大师演绎得如此绘影绘声，让我更深信《十月围城》中的角色绝对非他莫属！

接下来，第二个接触的演员也出现了一些波折，他便是谢霆锋。当他听过我和陈可辛解释这个拉黄包车的下人角色"阿四"后，**谢霆锋劈头便说："两位陈姓导演是否搞错了什么？要我去演一**

个不懂武功而且面容破相,又交不到女友的下人角色?你们似乎找错了人。"

我:"霆锋,你一直所演的都是手到拿来的角色,长得帅也能打,而且每次都有着美满的爱情,我们找你演绎一个跟你以前完全相反的角色,原因是我们都觉得你的演技还有许多的可能性,这个角色在你而言绝对是一个新挑战!"

霆锋说要回去多作考虑。

三天后,我收到谢霆锋的电话,他问:"可否请人替我化一次这个角色的妆?我想尝试一下是否能代入自己就是你们所说的'阿四',而我数天都会不卸妆,认真地感受一下自己是否就是他。"

又过三天后,谢霆锋发了一个短讯给我,而这个短讯只有三个英文字母:"YES!"

胡军也是碰面时几乎跟我翻脸,因为这个清朝统领的角色我们要用特技化妆盖在他原本的脸上,目的是把他眉毛去掉,鼻梁弄歪再加上一个疤痕,他严重抗拒剃掉眉毛,觉得以前看过一个这样的人演出令他觉得很恶心,后来我请他来试一次特效化妆的造型,然后我跟他说为什么我们有这个造型的想法。

我:"其实他个人不止没有眉毛,其实他身上的体毛都掉光了,原因是他太忠于清朝及大清皇帝,精神一直在作战状态之中,故庞大的压抑弄得身体及精神都出现毛病,而多次为保护朝廷出战,弄得鼻梁被打歪,而且全身都是疤痕及磨灭不了的旧伤口。"当他听完消化之后再看着镜子里有点扭曲的造型,他也相信了这个人物。

接着找到的便是从没有在大银幕出演过的李宇春,我们在陈可辛于北京新成立的电影公司里初次见面,整个会面过程大约只有半个钟,我和陈可辛不断地向李宇春发出提问及说故事,但她却是一直低头看着地下,偶尔地点点头或摇摇头,甚至偶尔给我们一些极其简单的响应:"明白""知道"。

当李宇春离开之后,陈可辛便失望地说:"她应该不会接下我们的戏。"

我说:"让我再试一次!"

后来,我从李宇春的经纪人那了解,她是一个沉默寡言不爱热闹而且非常宅的女生,而之前跟她见面时,整个办公室坐着快30多人,是对她十分之困扰的,所以我决定跟她来一次单独见面。

翌日,我约了她在三里屯一家冰淇淋店里见面,而这一次只有我和她,所有人都要在店外等候,包括她的经纪人和我的副导演。

见面之前,我做了一点有关李宇春的资料搜集,我告诉她,其实这个角色跟她的歌唱事业有点相近,因为她出道以来都是长年累月离开家乡,四处奔走在中国不同城市演唱,这样奔波对她来说应该是身心很感疲惫?她略点头回应我,我续说正正就是这个心态跟戏中角色是不谋而合,当我把人物角色性格详细地解释之后,李宇春一边吃冰淇淋,一边笑了笑说:"我就是害怕演得不好,我不希望首次在大银幕的演出会令观众及喜爱我的歌迷失望,但听完你说后,现在我明白你需要我演绎一个什么人,也感觉踏实多了,我相信我可以驾驭这个角色。"

我们一起击掌说:"合作愉快!"

我们选角色的同时也在马不停蹄地创作。我们的编剧是一个内地的年轻人名叫郭俊立,这位年轻编剧每到电视转播篮球比赛的时候,他便申请改开会的日期,或当我们正在开会,他便会坚持暂停一下,因为他是中国篮球的超粉,要专心欣赏球赛,我也拿他没法子。有一次刚好也没太多事便陪他一起看球赛,就在这时候我发现电视里其中一队有一位身形超巨大的篮球队员,我盯着他看就发现他是我们一直还没有找到的那个卖臭豆腐的少林高手角色。

我约了这个身高足有2.11米、体重140公斤的中国职业篮球运动员巴特尔，在我下榻的酒店餐厅里见面。

巴特尔出现时手上拿着一瓶巨型白酒，我猜测这酒应该足有两斤份量，其实他因为根本就不想演，所以想把我灌醉后便安然撤退，幸好我的酒量还算不赖，我俩一直把他带来的酒喝光他还是没法子说服我不找他演，直到餐厅打烊，事情还没有丝毫进展；幸好，餐厅经理允许我们继续坐下来，我便到酒店房间拿我自己带的威士忌。我们又喝着喝着，大半瓶后他才道出婉拒我的原因。

原来，他曾经帮助一个好朋友的电影客串了三天，殊不知那三天的戏，经过剪辑却让他莫名其妙地成了男主角，整个电影出来的效果糟透了，他认为自己完全没有演戏的天分，而且这件事让他给身边的好友及一些亲戚偶然会取笑他！

说着说着，我们仿佛成了朋友。

我问他人生中有什么事情最难忘。他说人生中最难忘的就是被美国NBA邀请，成为最早在NBA打上首发的中国篮球员。可惜巴特尔来到美国签约两年后，基本上出场的时间不多于数分钟；在这两年的时间里，他觉得自己被NBA罗致的原因，就是因为美国NBA想打入中国市场，为了这件事，眼前这个足有2.11米的巨人告诉我他在美国不知道有多少个夜里流过多少趟眼泪。

我跟他说，不知是凑巧或上天安排我找到了他，因为这个角色就是一个被少林寺逐出师门的武僧——"王复明"，他是一个自幼被人遗弃在少林寺，一生练武却从未派上用场的人，而保护孙中山的计划就让他把穷究一生的武学尽现出来。我续说："大巴（他的昵称），你就用在美国时候的心情来演绎这个角色吧！"

然后，我又回酒店房间取出最后一瓶威士忌，我们在天亮前把最后一瓶威士忌也干掉了!

虽然这一顿大酒让我到翌日下午还没完全地苏醒过来,但我好开心巴特尔接了我的戏,而且他在戏中的演出也非常出彩。

另外一个我也要非常感激的演员便是李嘉欣小姐,本来在四年前的剧本里,她的角色甚为吃重,但最后在这个版本却只剩一个镜头。纵使如此,李嘉欣也欣然答应演出,全因为她的经纪人说:"虽然只得一个镜头,李小姐觉得这戏没她出现,黎明扮演的这个乞丐角色便不完美,所以是绝对值得参与!"

最后,来到最为苦恼的角色,原本四年前电影中的革命支持者"李玉堂"这老板角色我一直属意曾志伟,但陈可辛认为曾志伟的综艺节目《超级无敌奖门人》的搞笑形象太深入民心,如果突然让他演绎一个这么严肃的角色,恐怕出来会有反效果。我深信陈可辛这个建议是公正的,因为他和曾志伟情如父子,但我依然非常希望曾志伟能够参与《十月围城》。

后来我们想了想,既然故事的背景发生在1905年的香港,当时香港属英国进行殖民管辖的小岛,我们似乎确实需要一个维持治安的警察角色……

哈哈,陈可辛婉转把见曾志伟的任务交给我,我战战兢

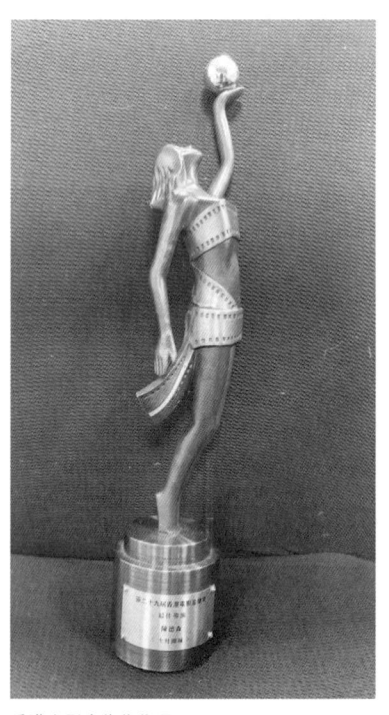

香港电影金像奖奖项

兢地跟志伟说，他要从以前的主角变成了现在的配角，并把事情的始末如实相告，但我还没有把话说完，他便一口答应。他说他不会错过这个好剧本，以及和我们这群台前幕后合作的机会。最后，他向我诡异地笑着说：

"下次叫陈可辛亲自来跟我说。"

---

① 皇后大道是香港开埠之后的第一条建筑的主要道路，分为皇后大道西、皇后大道中及皇后大道东（可简称为大道西、大道中及大道东），由中西区的石塘咀，一直延伸至湾仔区的跑马地，全长约5公里。

49 十月再围城（2） 抑郁症再现

我们的围城场景搭建于上海松江的胜强影视基地里，跟基地合作的原则是整个围城的四分之一搭建费用由胜强影视基地负责以外，另外一部分酒店费用也是由他们支付。

我们的场景均以实景方式来搭建，即是要用石头、沙子、水泥和砖头做材料，胜强影视基地愿意支付这四分之一的费用，条件是电影拍完后，围城所有场景全部归胜强影视基地拥有。

（左起）我、陈可辛、黄建新、刘伟强及于冬

殊不知搭景期间，上海松江连连大雨，搭建场景从一开始便很不顺利，本来预算搭建周期为五个月，但最后却花了差不多七个月的时间才得以完成。也因为出了这样的状况，电影被迫延期开拍。

在那一刻，我已感到忧心忡忡，因为从影30年，曾经做过制片、策划、统筹及监制等不同的幕后工作岗位，经验令我开始极度担心演员的档期会出问题，因为大部分演员只给我们不到三个月的拍摄期，而我们还未开始拍摄已超期，再加上大家为了精益求精而不断修改剧本，**电影还未拍到一半，所有的工作人员（包括我）都是不眠不休已身心俱疲，**但演员的档期都快到期了，令我精神压力越来越大，而人也变得越来越紧张。

到差不多最后一个月，我由每晚一粒安眠药增加到两粒、三粒……但每次睡四小时左右便会惊醒。还记得有一晚上，**我竟然在半夜睡梦中大喊："Cut！"**

我的惊叫声传遍整个楼层的走廊。

另一边厢，我每天拖着疲乏的身子起床后，把寝室的窗帘打开，窗外便能看到搭建的围城的全景、城周边的围墙，感觉自己困在一座1905年的大监狱里，心脏便加速跳动……压力变得越来越大。

在困难重重下我们向影视基地提出，把拍摄期延长一个月，但片场老板却不同意，原因是搭景遇上大雨属天灾，与人无尤。当时投资方与影视基地各持己见，在僵持之下，投资方便不让我们进入场景拍摄，两个入口都被大铁链紧紧锁上。

影视基地表示，如不增加场租及工作人员的住宿和一切的相关费用，我们便不能继续在内进行拍摄；与此同时，他们更派出百多名保安人员，阻止任何剧组的工作人员进出场景，后来陈可辛请了上海政府和有关人士出面调停。

但因为当初签订合约时,并没有留意细则条文,所以如果我们打官司的话胜算不大,而且还更耽误演员的拍摄档期,基本上我们延误不起,而在这件事情上理亏的绝对是我们。

整个纷争令我们停工一个多星期,而当时正在拍摄最后的结局戏,每一天的损失足有数十万,再加上部分演员的经纪人向我及制片暗示档期即将完结,因为大部分演员都接了其他新的电影,部分更是现代戏,需要时间把头发留起来,有演员的经纪人甚至向我提出,先让演员拍罢新电影后再回来继续拍我的戏,但我知道一旦停下来,电影便有可能永远停拍,胎死腹中!

在不知不觉间,我的压力已爆锅,加上睡不了觉,精神变得极度恍惚,无缘无故会出冷汗,那一刻,我知道我的抑郁症又回来了。

早晨我没办法打开房间的窗帘,因为我害怕看到那座围城,我躲在黑漆不亮灯的房间,很快便病倒,人也极度恐慌,我决定立即回港治病。

在我准备离开上海前的一个晚上,我语重心长发了一个短讯给陈可辛。

"Peter(他的洋名),**我已心力交瘁,没法子再继续下去**,你绝对是一个比我优秀的导演,《十月围城》没有了我这个导演是没问题的,可以由另一个导演或你来完成!"

陈可辛回复说,他开拍《投名状》的前一周,也因为剧本未能完成,因而压力大得离开了;其后,因为黄健新导演(也是他的监制)的开解,他才再次回到现场继续拍摄,他说《投名状》在内地的成功改变了他的人生和事业,而《十月围城》的成功也将会同样改变我的前途。

我告诉他,我目前是希望能保住性命,虽然《十月围城》一开始是由我改编重新创作和发起,但这一切都已经不再重要,留给你……陈可辛吧!

陈可辛可能还不知道我的情况有多严重,他没有再劝止我,因为他以为我回去休息数天,好转便会回来。

一回到家,我便在朋友介绍下去见了一位心理医生,该医生开了一些抗抑郁药给我,服药后,我便躲在家里不断沉睡,也不想见任何人。

此时,我大姐特地从澳洲赶回港探望我并暂住我家,她看到我早上七时起床后,便站在阳台前看着对面的山坡一言不发,数分钟后又再折返房间继续昏睡;数小时后,她又看到我起床坐在餐桌前,菲佣拿水果、麦皮(◎燕麦片)给我吃,正坐着梳化的大姐目睹我举起叉子向着餐桌叉着,叉子只是叉着空气,并没有水果,但我却把空着的叉子往嘴里送,来回数次吃着,其实什么都没吃到像在吃空气,之后我又继续回到房里昏睡。

下午我起床后,大姐已去了菜市场,但她在餐桌留下了一封信,信里她告诉我今天所看到的一切,当我第二次回到房间时,她感到非常惶恐,并且哭了,她说一部电影没有了,还可以再拍其他的电影,但如果生命没有了,便真的什么也没有了。大姐明白这部电影对我十分重要,**但她认为没有任何东西比亲弟的生命还要重要**。

看完大姐的信,我也感到非常惊恐,我知道自己不能再吃这些抗抑郁药,但我还是极度渴睡。接下来,我足足睡了48小时,期间没吃没喝,甚至连大小二便也没有。

大约五天后,我忽然接到一个短讯,因为整个《十月围城》的港方剧组工作人员,也是我的长期合作伙伴,他们推了其中一个跟我感情比较要好的、负责美术的工作人员做代表发短讯给我,他说陈可辛开始了解事态的严重,并请了刘伟强导演来帮忙,虽然拍摄可以继续,**但如果我决心不回到剧组,他们也决定跟我共同进退**,

一起撤离。

这一下事情就变得更严重了，虽然陈可辛和刘伟强定必能够把电影完成，但如果因为我的问题，而令一部分重要的工作人员撤离，后果绝对不堪设想。

几经深思，我回复剧组工作人员：

"我已经看医生，暂且没事了，并将于两天内回到剧组，大家都不能走！"

决定回到剧组一事，我必须多谢一位好朋友，他便是励敬惩教所的梁国荣督察，他当时跟我说："我陪你回到剧组，当你情绪不稳定或被激怒时，我就在你身旁，现场有情况你就把情绪及脾气发在我身上，发泄出来就好！我陪你走过这艰难时刻吧！"

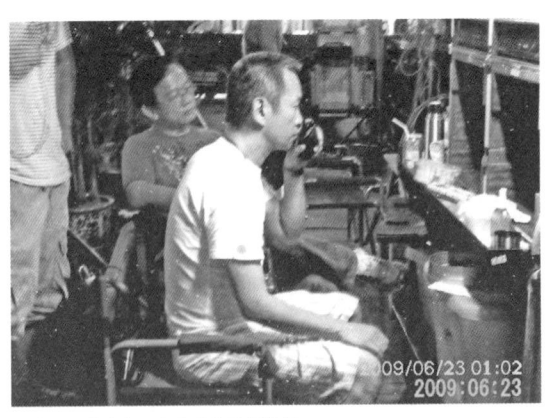

好友梁国荣先生一直陪我在现场拍摄

朋友在我抑郁症期间起了非常大的作用。

回到片场，遇到刘伟强导演，他和他的助手提着行李在搭建的皇后大道中街景上巡视，我上前向他道谢，然后提议他先把行李放回酒店。他说：

"兄弟,我是来救火,不是来观光的,先赶紧知道如何帮忙,抢时间,其他的都不重要!"

翌年香港电影金像奖,我上台领的最佳导演奖是刘伟强颁给我的,我故意把奖先让他拿着然后自己从口袋掏出感恩宣言来读,因为这个奖他也有份!

《十月围城》的成功,再次证实能够成就一部让人记得住和有价值的电影,一定不可能是一个人可以成就而来的,而必须由一群热爱电影的人造就出来。

50 《铁血一千勇士》哈萨克斯坦之旅

《十月围城》完成后，我带着电影参加了数个国际影展。其中一次我带着《十月围城》出席俄罗斯电影节，当电影放映完毕播出工作人员名单的字幕时，场内观众即报以热烈的掌声，如雷贯耳的掌声，直至所有字幕播放完毕才停止，足足有六分钟之久！这些观众都被电影所深深感动，他们都主动来跟我握手，我当然开心，但心里却带着疑问："他们都知道中国有过这一场革命吗？他们都认识孙中山先生吗？"

接下来的一个记者招待会上，负责访问我的一位电影人告诉我，俄罗斯（指苏俄）也有过一次大革命是发生在10月，现场有一位记者也随着说，法国也有一个大革命在10月，为什么都不约而同发生在10月？我打趣地答："可能因为夏天太热、冬天又太冷，秋高气爽的10月正好是搞革命的时候！"弄得大家都哄堂大笑。在俄罗斯电影节的数天里，我认识了从哈萨克斯坦而来的两位制片人 Anna Katchko 及 Sam Klebanov，他们问我有没有兴趣把《十月围城》带去哈萨克斯坦电影节，给当地观众放映一场观摩场。随后 Anna 告诉我，他们正在筹备拍摄一部跟《十月围城》的片种类近的关于哈国早年的一场革命，名为《铁血一千勇士》（*Myn Bala*）[①]，并邀请我担任这部电影的监制，而负责执导的正是那一年俄罗斯电影票房最高的年轻导演 Akan Satayev。

一众演员于拍摄现场合照留念，后排左二及左四是制作人 Anna Katchko
及 Aliya Uvalzhanova，后排右一是导演 Akan Satayev

能够跟其他国家的电影人合作，我觉得绝对是一个很好的机会，因为我在电影行业一直保持着一种心态，就是做到老、学到老！我欣然接受邀请，但后来因为他们预算有限，最后我只担当电影的顾问。到了哈萨克斯坦，其中一件值得高兴的事，就是我认识了来自美国的著名导演及演员奇云·高士拿（◎凯文·科斯特纳）。在晚宴期间，我们聊了很久，他对我说了一番肺腑之言，就是他如何由成功变得狂妄自大，到突然失去一切而暂别影坛去搞音乐，期间他甚至想过要放弃电影事业，直到醒悟过来重新振作回去演戏，奇云高士拿的心路历程和经历体验都非常值得我去学习。

内地观众和影评人都将《十月围城》归纳为主旋律电影，我心里想荷里活大部分 A 级制作电影都是主旋律电影，所谓主旋律电影就是爱国、爱家、爱人民；因此我突然想在哈国拍一个有关维和部队拯救被恐怖分子绑架的中国科学家的故事。哈国政府也极力支持这个计划，其后我回到中国便立即找投资方，但随后却因为中方投资者和我在创作上发生意见分歧，于是计划就被搁置了。顺带一提在那时候吴京还没有拍《战狼》，我也当然不想用吴京的成就去相比，我也未必拍得出他的成绩，我只是感慨一部成功的电影，除了要有好的创作外，还得要天时、地利、人和来配合。

《铁血一千勇士》的电影是哈萨克斯坦有史以来投资最庞大的电影，拍摄终于在2011年完成，电影拍得相当壮观宏伟，但最可惜的是电影公司在各国的影展播出期间不幸被盗录，这绝对是一件很遗憾和可惜的事！

---

① 《铁血一千勇士》故事讲述了十八世纪时，哈萨克斯坦人民团结一心、众志成城，在昂额拉海与准噶尔侵略军决一死战，保卫家园的故事。电影译名又名《铁血英雄：自由之战》。

51 《一个人的武林》宇宙小强

　　2013年，我接到英皇电影公司老板杨受成博士的电话，他邀请我为他们的公司执导一部电影，由于我一直以来都较为钟情于动作电影，所以我便向杨先生提议拍一部有武侠风格的现代动作电影，杨先生实时同意，于是我便着手处理剧本。完成这个名为《一个人的武林》的剧本后，首要的便是寻找适合的演员，我约见了甄子丹，我们于《十月围城》已经合作过也颇熟，半天的会面他便答应接这个戏，而且他也很喜欢这个故事的构思。但接踵而来的问题让**我和他都大感头痛，就是谁来饰演于戏中跟子丹对打的高手？**由于我和甄子丹都希望这电影能带给观众新鲜感，所以我俩都不想再找一些曾经跟子丹在银幕上对打过的演员。光是找这个高手便足足找了三个月，但一切依然茫无头绪……。

　　直到一天，我去探甄子丹的班，他正在拍摄《冰封侠》，电影当时邀请了王宝强来客串一个角色，这次再见到王宝强，让我突然回想起九年前跟他初见面的情景。那时候是冯小刚导演带着他来港宣传《天下无贼》，当时他才刚刚出道，事实上我也只是透过《天下无贼》才认识王宝强，不过，当时的我还蛮喜欢他随性的喜剧表演方式。

　　首映礼之后，我和王宝强一起出席《天下无贼》的映后派对，我们被安排同坐一桌，用膳时，王宝强突然用他的招牌笑容对我说："陈导演，其实我也懂功夫，因为我13岁便进了少林寺，学了数年少林武功！"说罢，王宝强便随即站起凌空一跳，然后空中再来一字马才着地。他突如其来的举动把我和正在端菜的侍应们通通都吓了一大跳，当时的我心想着："有机会便将他介绍给成龙大哥吧！"但坦白说，其实我还是把王宝强归纳为喜剧演员。事隔九年后的2013年，我再次看到这张挂着招牌笑容的脸，我忽发其想地问他："还有兴趣拍功夫片吗？我想找你演一个武功高强的杀人王！"我还特别提醒王宝强，这是一个精神有问题的大反派角色！没想到，他二话不说便要求看剧本，他兴奋地跟我说："我在等演一部真正的功夫电影已经等了很久，而且对手还要是宇宙最强的甄子丹！"

翌日，大清早便接到王宝强的电话，电话里头的他劈头便说："陈导演，我刚推了三部喜剧和一部剧情片，因为我非常喜欢《一个人的武林》里的武痴角色，片酬先不要谈，我接这部电影的唯一条件，就是你要找人把我操练到好像张家辉一样，就是他在《激战》的身形！"我当时也一口答应。但其后，开拍在即王宝强才完成上一部戏进组，因此我们仅有一个月时间来操练他，但他总是不辞劳苦听从教练的所有指示，包括吃营养粉（这营养粉我吃过，绝对地淡而无味），以及每天操练五小时以上，看着他筋疲力尽的双眼，心里赞叹他是一个极有上进心的演员。

王宝强凭《一个人的武林》获得成龙动作电影周最佳动作新人男演员奖

《一个人的武林》开拍当天,王宝强走过来悄悄告诉我,他为这部电影给自己起了一个外号——宇宙小强。电影拍毕也顺利上映,外界百分之九十对王宝强的评价是他不是只能演"喜剧的演员"。

姑勿论《一个人的武林》的票房成绩只属一般,但能够把宇宙小强塑造成让观众信服的骁勇善战杀人王,这才是我最大的欣慰和鼓励!

我与武师公会的成员和立法局保险业的议员商讨武师购买意外保险的权益

52 北京盛基艺术学校 众人的爸爸

总是觉得许多时候行善的对象是需要讲求缘分的。事缘，2014年正好在北京做电影《一个人的武林》的后期工作。一晚工作完毕，我回到酒店房间打开电视，电视正播放着一个名为《出彩中国人》的综艺节目，我个人一直喜欢撒贝宁主持的综艺节目，而且节目里还有我熟悉的李连杰当评判，于是我便开了瓶啤酒边喝边欣赏，看着看着节目中段出现了一队表演者，由一位年轻的男导师带领着一群大约6到12岁的小孩子表演功夫，孩子表演的时候个个都炯炯有神，而且团体表现的默契也非常一致。

表演完毕后，台下的评审李连杰问其中一个表演者，他们是如何组成这个表演团体的。孩子便向着评审们把他们的故事娓娓道来。其中一个较年少的女孩说："我们是来自汶川及藏区的孤儿，北京盛基艺术学校收容了我们，我们来到北京之后，可能因为天气及水土不服的缘故，身体变得很瘦弱，直到'爸爸'的出现，他天天教我们练武强身，因为'爸爸'说要有强壮的身体才能专心读书。"

台下的李连杰好奇问他们："你们不是孤儿吗？为什么称呼老师做爸爸？"然后，孩子们突然全部同时触动落泪，并没有一个小孩回答李连杰的提问。此时，男导师（张老师）在台上跨前一步向台下解说："评审好，各位观众好，我的名字是张家振，我的母亲在我很小的时候便离世，为了让自己变得强大，所以从小习武，各门各派都略懂一点。现在25岁，原本于银行上班，一次机缘巧合到学校当义工探访，探访期间看到这些体格瘦弱的孩子，突然有一股冲动好想去帮助他们，因为我也算得上是一个孤儿，所以放弃了银行的工作，来到学校当义工，教导孩子们习武强壮体魄……"

还没待导师把话说完，孩子们已经七嘴八舌抢着说话："爸爸不收钱教我们！爸爸自己不吃，把有营养的食物都给我们先吃！没有爸爸，我们今天便没有这个上台表演的机会！"**孩子们说着说着，李连杰也流下了男儿泪**，其他两位评审连同现场数百名观众都被孩子们触动得一一落泪，而坐在酒店房间的我，那刹那也被深深打动，他们让我想起了自己从小失去父爱的童年往事……直到节目完结，心情稍为平复后，我便致电撒贝宁（我与撒贝宁在西宁电影节中认识），我问他可否给我有关盛基艺术学校的资料及联络方式。

数天后，我带同数名年轻的电影工作者，以及一些日用品和教科书到了学校，当时张家振老师和校长一起接待我们，带我们参观了学校每一个角落。从对话中我了解学校从2008年开始至今已收容了大约100多名藏族孤儿，而到目前为止已经有多位孤儿考上大学，当中还不乏成绩优异的高材生。过了数周，我再邀请一些艺人到学校探访，艺人为学生们准备了才艺表演，以及跟学生们分享了他们的演艺生涯，因为学生们喜欢表演，他们当中也有一些希望将来从事演艺行业。

经过多次探访及更深入了解后，我知道他们因为参赛《出彩中国人》而获得第二名的成绩，因此带来许多不同平台的表演机会，而这些表演都是有酬劳的，所得到的费用可以为学生们带来更多有营养的食物及健身器材，但学校因为没有经费，每一次出外表演也只能倚靠区内（北京郊区）军校借出军车义务接送，一旦遇着军区临时有演习便不能接载孩子们去表演，于是我便发起了募捐校巴的行动。感恩，不出数天便筹获一部有24座的小巴，以及足够两年的

藏区的学生及（后排中间）张家振老师，白色小巴便是一众善长捐赠

小巴柴油费用。提起这事，我也再次在此感谢所有捐款的善长。

随后《一个人的武林》在北京举办首映，我邀请了盛基艺术学校的全体学生来观影，万万没想到在首映礼的记者招待会上，孩子们送给我一个全新表演项目，表演之前，张家振老师表示为了我的首映，孩子们于一个月前开始排练，这个意外惊喜让我非常高兴和感动。数年后，张家振老师离开了盛基艺术学校，成立了属于自己的武术学校，我也曾联同一群演艺界义工再去探访。如果我这本自传在内地出版，内地版所得收益，扣除一切成本后，我希望把收益捐赠给学校，帮助他们继续收容那些无依的孤儿，同时也将中国武术传承下去！

校长颁发捐赠校巴的证书

53　2016 北京电影节天坛奖

在我的电影生涯里，曾参与过不少在内地及国外的电影节。值得一提及较为难忘的是 2016 年的北京电影节。大会的其中一名负责人李苒女士邀请我担任这一届的评委，而评委主席是美国的布莱特·拉特纳导演，他既是电影导演也是制片人，代表作有《尖峰时刻》《战警》及《荒野猎人》等，而确定的其他评委有来自日本，代表作是《入殓师》的泷田洋二郎；来自罗马尼亚曾执导《宝藏》的柯内流·波蓝波宇导演；来自波黑的丹尼斯·塔诺维奇导演，代表作是《无人之地》；德国的弗洛里安·亨克尔·冯·多纳斯马导演，代表作《窃听风暴》；及中国的著名演员许晴女士。此次的邀请让我感到特别兴奋，因为除了评审主席布莱特·拉特纳是一个我认识的好友，其他三位评审都是奥斯卡最佳外语片的得主，日本的《入殓师》和波黑的《无人之地》，以及德国的《窃听风暴》这些得奖电影我都非常喜欢和欣赏。

在电影节期间，我和日本导演泷田洋二郎特别投契，或许大家都是亚洲人，文化比较相近的缘故，而泷田洋二郎导演正好也打算到中国拍一部电影，因此他想多了解在中国拍电影需要注意的事宜。而其中的一桩趣事，就是我向来对日本清酒不大喜好，殊不知泷田洋二郎导演有个习惯就是出国时都会随身带备着两三瓶他喜欢的日本清酒，他当时请我喝酒，我勉为其难地喝了，却意外地感到这酒入口清甜，从此对日本清酒彻底改观（这绝不是广告，我跟"上膳"的酒商毫无关系）。

在北京电影节期间，我也私下约了其他数名导演聊天，向他们取经和了解他们创作的理念，因为我不会放过任何学习电影的机会，永远保持做到老、学到老的心态。转眼间，评审团已来到裁决的最后一天，**竞争最为激烈的是女主角这个奖项，中国电影《滚蛋吧！肿瘤君》的白百何与阿根廷电影《帮派》的多洛雷斯·芳兹竞争**，评审团为了这个奖项辩论得面红耳赤，甚至需要中场休息十分钟才能继续进行；最终，第二轮裁决，白百何仅以一票之差落败。

此次电影节我真的感到获益良多，看到一群全世界优秀的电影人对戏剧处理的看法，以及"最佳"两个字的深层意义。再次感谢李苒女士的引荐，我衷心希望除了北京电影节，中国所有的电影节都能够越来越成功。

北京电影节评审团成员（左起）德国的弗洛里安·亨克尔·冯·多纳斯马导演，罗马尼亚的柯内流·波蓝波宇导演，日本的泷田洋二郎导演，美国的布莱特·拉特纳导演（评委主席），我本人，波黑的丹尼斯·塔诺维奇导演及演员许晴女士

54 小艾缘

2015年,我在微信朋友圈看到我的小学同学发了一个"救救小艾"的讯息,当我看到小艾这个名字时,不知怎的心里有种说不出的莫名感受,一种很亲切的感觉。时值2月份,那段时间我刚好人在北京在洽谈新电影的事宜,看完讯息后我便发了一条微信给最先发放"救救小艾"消息的子诺女士(她是我同学的好友),随后相约一起去医院探望小艾。

小艾当时住在中国人民解放军总医院的血液科,到了医院,我隔着房门的胶布帘(因为是隔离病房)看到躺在病床上戴着氧气面罩才四岁的小艾,她转过头看着门外的我,**那刹那,我感到她带着一种颇悲愤的眼神,她好像对我说:"为什么你现在才到来?"**我和小艾眼神接触的刹那,莫名的伤痛突然涌上心头……。

后来我跟小艾的父母了解了一下她的病情,原来她患的是急性淋巴细胞白血病,因为最近病变而又得了卡氏肺囊虫肺炎,她从2012年到2015年,这三年里有两年都是住在医院,她一直跟病魔搏斗着。为了这个罕有的病,小艾父母把一生的积蓄和他们父母的养老金都花光了,她的母亲(小雪)已把自己的骨髓移植给小艾。当时最关键的难题就是要找到一种名为BACTRIM(复方磺胺甲恶唑注射液)的药,因为这药用于治疗小艾的病最有效,但这款药在当时已算是第一代的药,而2015年大部分医院已进展到第三代的药，所以 BACTRIM 在当时甚为稀有。一方面急于要帮小艾找药，另一方面要想办法为他们筹募庞大的医疗费用。那一刻，我也不知哪里来的力量，我跟他们说："让我来帮忙吧！"

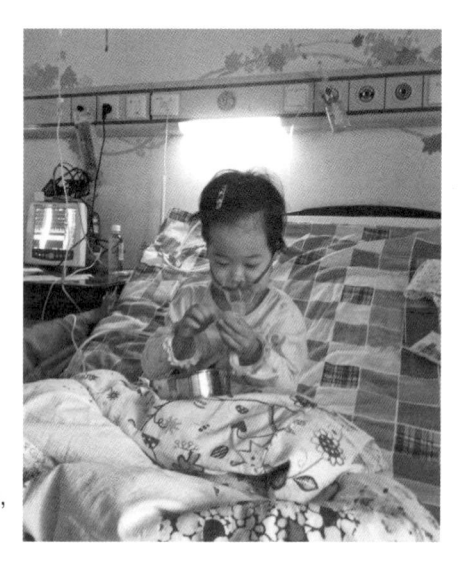

2012 年小艾两岁便开始住院，直到她五岁我才与她结缘

这件事接下来挺曲折，让我有非常多感受。事缘当我用微信也好，甚至直接致电友人请求帮忙也好，每当我提到"小艾"的名字时，眼泪便自然而然地流下来，我和她好像认识了很久，像亲人的感觉。我的内心告诉自己："或许我们在上一世已经结缘了吧！"

2015 年 2 月 2 日，我在微信朋友圈发放了小艾的消息，希望大家捐款帮助这一家人，庆幸消息一发便得到陆港台及国外朋友的帮忙，不到三天已募得 30 多万，可能是因为这已不是我第一次发起慈善募捐，而大家知道我每一次的善行我都会亲力亲为，一一详细跟进，并把过程及纪录都清清楚楚写下来后再发放给大家，所以，我的朋友们对我提出的善举一般都非常信任。在筹款的同时，我也向北京体院的院长李国平求救，他二话不说答应帮忙，他接下来委托了协和医院（感染内科）的马小军主任去探访小艾，同时了解小艾当时的情况，了解后马主任给小艾的主诊医生提出不少意见及帮助，非常有效！但燃眉之急还是要找BACTRIM这药，因为目前小艾的这款BACTRIM药只剩一星期药量，到2月9日便会全部用完。我再次透过朋友圈发起找药的消息，先是得到我的心脏科医生好友纪宽乐的帮忙，在医院找到了BACTRIM药，但问题是医院的规例是不能把此款药带出境外，只容许病患者在医院内使用；与此同时远在加拿大的林医生也提出用另一种药来代替BACTRIM药，但北京医院的回复是小艾目前只能够接受BACTRIM药。

　　时间一天一天地过去……转眼间已来到2月6日，小艾的药还有三天便用完，正当大家都心急如焚之际，突然透过某一位朋友（当时因得到太多人的帮忙，也因为太过焦急的缘故，实在记不起帮忙的朋友是谁），他让我在微信加了一位在柬埔寨经营药厂的中国朋友，于是我立即联系他，并透过微信语音通话和他沟通，他表示他的药厂里有我们需要的药，但他目前在柬埔寨有许多生意非常忙碌，如果我要此药便得亲身到柬埔寨取，我们通话时已是深夜1时，是没可能订到机票，而且我也没有柬埔寨签证。那一刻的我真的不知道该怎么办！

　　第二天2月7日的早上，那位柬埔寨朋友来电，他说他经营的中国餐厅有一位快计员（即会计）是港人，她刚好放假愿意帮忙，并问我是否愿意支付她回港的机票及酒店费用。我一口答应！但这位快计员最快也得要2月8日才能够抵达；与此同时，我还要想办法把那么大量的药一次带到北京！皇天不负有心人，在微信捐款群中的一位好友，叫April的女士，她当时立即给我介绍了香港航空的一位高管（即高层人员），通话后他愿意帮忙安排员工把药带到北京。2月9日凌晨1时正，我成功从刚抵港的那位快计员手中取得了药，翌日清晨7时赶到机场把药交给了那位帮忙的航空公司高管，同时也致电给在北京负责接收药物的子诺女士，我叮嘱她要早一点到北京机场等候。

早上8时正，我站在香港航空的公司柜台等候消息，另一位女高管告诉我，她已把这批药分批地交给了当天飞往北京航班的一群空服，让她们各自携带合法的数量飞往北京，原本以为一切问题终于迎刃而解，但坏消息却接着出现，原来当天上午飞往北京的所有航班因天气关系竟然全部延误！我那一刹那抬头望天，祈求飞机能够于中午前起飞……

开车回程的路上，**我心情一直往下沉，因为小艾的药只能够支撑到晚上7时，怎么办？**人在做，天在看！一踏进家门便接到航空公司那位女高管的电话。

她说飞机在上午11时整已起飞。结果，飞机于下午三时左右抵达北京机场，子诺女士接过药后便立即赶往医院。药，终于在下午5时半送抵医院，任务总算完成了！更可喜的是小艾的病情慢慢痊愈起来。纵然病是医好了，但患病的经历（整整长达两年住院）让小艾变得不愿跟陌生人说话，她母亲为了让她多接触同龄小孩，送她上学。2016年小艾进入了人生第一阶段小学的校门，正式成为一年级小学生。由于身体状况不能进行剧烈运动，小艾豁免上体育课，并且在学校内需要戴上口罩，虽然有这样的特别状况，老师及同学们都很体谅和照顾小艾。

55　婚姻
人生历练

所有章节也算写得颇顺畅，就是这婚姻的章节，写了又改，改了又写……很难写！

大概，不想再提，也忘了吧！

我一生中有三件事是挺后悔的：

（1）没有孝顺我母亲多一点；

（2）没有送我父亲最后一程；

（3）没有考虑清楚便结婚。

对于我来说婚姻是什么？如果拿走"婚姻"二字左边的两个"女"部首，就变成了"昏""因"，不是喝"昏"了头答应了就是有个不知道为什么的原"因"而成就了……

我的婚姻只维持了两年，谁的错？事件最恶劣的时候，当然都是对方的问题，但回想一想，自己是什么类型的人，也对事件有一定的影响。

从打打闹闹的破碎家庭长大，那些在我20来岁结婚的朋友，现在十对有七对离了，一对各有各精彩，两对还过得好好的。这个比例也实在太惊人！

除了我，其实很多男人结婚的目的是在找一个替补的母亲，男的从小在这个女人（母亲）的怀中长大，一旦有了自己的家，便好像失去了什么，我以前有过一段感情，不想分手便去找婚姻辅导。"找母亲"的说法是出自心理辅导员的口，男人一旦二人生活稳定下来便会出现另一种情绪。无形中,夫妻二人的感情变质了,这时候老婆便怀疑男人是否有外遇,其实不是,是感情转移了。

从我母亲的教导里,有两件关于相处的事跟大家分享一下:

(1)如果要跟一个人合作,就跟他/她打24圈麻将,我不知道为什么是24圈,可能是我母亲的经验,但这个人的品德就是会从牌品中表露无遗。

(2)如果要跟一人天长地久,相爱一生,决定结婚之前,便与这人去一趟颇长的旅行,24小时对着!互相的生活习惯一一呈现出来。不一定对方有问题,可能对方也不适应你!

我的婚姻虽然不愉快,也是一个难堪收场,但却刺激了我的创作灵感。

正在写一个关于离婚的电影剧本,叫"我的老婆吴系仁"!

祝愿大家已婚的白头到老,未婚的考虑清楚!

56 《征途》
首次接触游戏改编的电影

2016年,我参加了上海电影节,刚好星皓电影公司的老板王海峰先生[①]正在上海为电影《西游记之孙悟空三打白骨精》宣传,他知道我人在上海,于是便邀请我参加当晚的电影发布会,并同时公布他们公司未来数年的电影计划。

当晚席间我们闲聊着,王海峰先生问我有没有兴趣未来合作拍电影的意愿,并说他有个项目,一个名为《征途》的游戏改编的电影计划。其实我本来就是一个电玩游戏热爱者,前文也提及过从小不是流连电影院便是游戏电玩场,而且当我从加入电影圈,直到真正成为导演都一直有一个心愿,就是拍一部跟游戏有关的电影,所以对于王海峰先生的提议,我二话不说便答应!当时我们的谈话过程不超过六分钟便拍板落实,王海峰先生更于当夜记者发布会上即场宣布我加入他们及即将拍摄《征途》的消息。

顺带一提,其实几乎所有我的动作电影都带点游戏的玩味感,过程里也会有过五关、斩六将的情节,包括《十月围城》沿途保护孙中山的剧情便是如此处理。接下来便开始讨论《征途》的剧本,一开始由刘奋斗先生负责改编,但在聊剧本的过程中,我总是感到剧本欠缺了什么似的。前后一年下来,刚好刘奋斗先生也要去执导自己的新戏,故星皓电影公司聘请了另一位编剧文宁先生及他的一位写手张吉小姐接手了。

有一天，我抽空去看了刘伟强导演的《建军大业》，其中一场在三河坝里的国民党军队对决起义军的血战情节，让我看哭了，心里也感到莫名的难过。走出戏院我发觉中国自有战争历史，几千年以来，几乎都没有侵略过别的国家（成吉思汗该不算吧），中国所有的战争几乎都是内战！ 第二天回到《征途》的剧组，我决定在我们这个商业娱乐电影里加入一点反战元素，大概这就是我一直以来感觉到缺少了的内容。

无锡拍摄现场

2018年，开机就绪，但因为电影涉及大量的特效镜头，令视觉特技的预算一直在增加；本来我们预备的120天拍摄期被迫削减至110天，然后100天，最后变成90天，这个极为浓缩的拍摄期让我的老拍档——动作导演董玮差点请辞，原因是我要求的动作设计不是一般的简单的动作设计，他说90天拍完根本是不可能的任务。结果，这个合作了24年的老拍档生气一天后便回到岗位继续工作，最后我们的电影还是在87天内完成了。《征途》让我第一次尝试拍摄奇幻题材的游戏改编成的电影，这也是一趟很新鲜刺激的经历。

　　2019年中，后期也完成了，我带着《征途》去上海一间设有杜比音响的电影院放映给"征途"游戏的创始人，也即是巨人集团[②]的老板史玉柱先生观看成品，没料到电影院的杜比音响正好在这个时候坏了，让观看时效果大打折扣。电影播放完毕，史先生面无表情地表示要赶着下一个会议要先行离去，当时的我只感到极其无奈，殊不知刚踏出戏院大堂便收到巨人集团的通知，就是史先生邀请我们一小时后到他的别墅见面。我带着在戏中饰演金刚小妹的林辰涵一起参加这一顿迟来的晚宴，本来晚宴在晚上12时便应该结

我个人非常喜欢的一辑海报

束（史先生习惯不超过12时就寝），结果我们几个人一直聊到深夜两点半。临别前，史生跟我说了一句话："这个戏绝不丢脸！"

2020年7月24日，因为新冠肺炎疫情反复，投资方决定把《征途》在网络平台播放，这也是首次中国的爱奇艺和海外的Netflix第一次同步播放一部电影！开心的是全世界有49个国家能同步收看到《征途》，甚至于在一些国家如非洲及东欧亦受到很大的欢迎，但可悲的是爱奇艺在首播的两小时内竟抓到了500名盗录者，而根据投资方的估计，当天在网络上起码还有一两千个用化名盗录我们电影的黑客。

关于这件事，我最近向一些跟电影相关的内地政府部门提及过。当然一方面投资方的损失是一个无法计算的问题，但另一方面，我告诉这些官员朋友，现在在网络上盗录的大部分都是年轻人，他们的盗录行为是让观众能在网上可以免费观看《征途》，而不用向平台付费，而我认为这些年轻盗录者的心态是想呈现他们有破解平台的保安系统的能力。今天这个心态是要逞强示威，但难保他日这群盗录者会由逞强的非牟利者变成偷窃商业机密图利的网络罪犯。其实，提出这种破坏性的问题是让我更关注到中国电影未来发展。

---

① 王海峰，香港资深电影人，2000年成立星皓娱乐集团，以电影投资制作为主营业务，至今投资拍摄过近50部影片，全球票房累计超过35亿元人民币，众多作品深受观众喜爱并在各大国际影展及竞赛中多次入围并获奖。
② 巨人集团是指上海巨人网络科技有限公司，是中国一家网络游戏开发商与运营商。2004年11月18日由史玉柱创建，原名"上海征途网络科技有限公司"，2007年10月19日改名为上海巨人网络科技有限公司（Giant Interactive Group Inc.），并于2007年11月1日顺利登陆纽约证券交易所，公司总市值达到42亿美元，成为在美国发行业务规模最大的中国民营企业。

57 陈木胜 英年早逝

或许，真的是年纪大了，这数年间许多业内业外的好友都相继离世，尤其在撰写这本自传的 2020 年里，好几位良朋益友都走了！

其中跟电影有点关系的，我特别想说一下我的好友，他也是一位优秀的导演——陈木胜先生。

我和陈木胜是很要好的朋友吗？

我想并不完全是，但我从成为导演的数十年光景里，我和陈木胜相遇相知了好几回，那几趟的相遇，凑巧都算是我们事业上的转折点。

我和陈木胜都是以拍动作电影为主，正所谓知己知彼、百战百胜，一旦认识了，我们碰面便很自然有许多聊天的话题，我俩虽然不常联络，但在相同的工作环境下，遇到了也总会彼此鼓励，为对方加油！

纵然，他在我心目中不止是一个高手，也是我的一个假想敌，但这些想法并没有恶念，我认为行业里没有竞争，是不会有进步的。

一众好友和陈自强先生聚餐，后排中央便是导演陈木胜

我和陈木胜的际遇跟经历有点相近。这话应该从1990年开始说起，他当时拍了第一部作品《天若有情》，而同年我也加盟嘉禾电影公司执导了人生中首部电影；我俩真正认识是在1993年，那年我们同时加入了UFO电影人公司，同时为该公司各自执导一部电影，都由陈可辛监制，我俩的办公室都在同一楼层并相连在一起，我们在这段时间才是真正认识，开始交流电影。

接下来再遇便是在1996年，我和他又不约而同为嘉禾电影公司拍戏，当时我正在执导《神偷谍影》，而他负责导演的电影就是后来很受欢迎的《冲锋队：怒火街头》，良心话，这也是我最喜欢的陈木胜作品。

后来，他在1998年为成龙大哥执导《我是谁》，那时候我开了一间为电影人而设的小酒吧。有一夜，陈木胜致电我，从话筒里他传来的声音好像心情不大好，想找我聊聊天。他到达后喝了两口红酒（平时陈木胜不抽烟也不太爱喝酒）便告诉我这阵子心情很差，因为他为成龙大哥执导的《我是谁》内容是说一个人失去记忆的故事，这段时间他在这方面做了很多很详尽的资料搜集，而收集回来的素材令他甚为感慨，原来失忆的人，在寻找记忆的过程中的遭遇是件相当痛苦的事，但这些珍贵元素大部分都被成龙大哥否决了。那一瞬间，我作为一个导演很了解他的心情，便安慰着他说："你和成龙大哥的这部电影是合家欢贺岁片，要老少咸宜，悲伤的情节应该不太适合吧！"但陈木胜还是把连月搜集得来的患了失忆症病人的素材一一详细告诉我（每个热爱电影的电影人都会跟朋友分享他喜欢的创作），讲完后他又带点失落的向我说现在都用不上。

凑巧的是，我正值为寰亚电影公司筹备一部名为《紫雨风暴》的电影，内容就是说一个恐怖分子在港受了重伤而失忆的故事，既然陈木胜辛苦找来的素材已用不着，我便要求他能否把那些失忆病人的资料让给我，陈木胜欣然答允，他也不想浪费他的心血，这大概就是本港电影在九十年代风风火火的其中一个主要原因，因为我们都经常会分享资源。

结果，翌年我凭着《紫雨风暴》首次荣获金马奖最佳导演的提名，说心里话，陈木胜之前给我的素材帮了《紫雨风暴》很大的忙。

1999年，凑巧我俩又同时签约寰亚电影公司，公司为我俩在九龙太子道租了一个旧式住宅单位作为办公室，这办公室只是为了我们分别执导的两部电影而临时租用。在筹备期间，寰亚电影公司内部有一个流传，因为当时公司财政预算很紧张，所以我的《紫雨风暴》和陈木胜的《特警新人类》只能两部活一部（详情前文已有所提及），我俩听到了这传闻，还当即开着玩笑说："**不如我们的电影在同一天开镜，看看最后哪一部能够活下来？**"

最后当然两部都活下来！

之后的数年，我们也经常会在成龙大哥经纪人陈自强先生的聚会上碰头，除了互相勉励，我们的话题总离不开如何提升动作电影的水平。

一直到2020年8月，我还清楚记得那一天是12号，我为一个朋友的电影导演采访节目致电邀请陈木胜，他接电话时用非常沙哑的声音告诉我，他患了末期鼻咽癌，听到这个消息的我，心情变得极为沉重。我立刻告诉他我认识一些教授，他们是不用西药的另类治疗方法，他考虑了一下，便嘱我把有关治疗的相关资料微信给他。数天后，大约是8月16日，我再致电他，他只留言告诉我人目前在医院，如果能够出院而还有气力下床的话，他愿意尝试我的提议。言谈间，我感受到他在当下也有非常坚强的生命力和意志，他是愿意也想去尝试的。

但数天后便传出不幸的消息！

陈木胜这位挚友的离开，着实让我非常心痛及惋惜，但让我最感到难过的是损失了一位多么出色的华语电影导演。

如果真有来世，而我们还会相认，便再聚再分享我们的创作！

兄弟……一路好走！

以下是他的电影作品，希望大家可以一起回顾：

1990《天若有情》

1991《带子洪郎》

1992《哗！英雄》

1993《天若有情Ⅱ之天长地久》《新仙鹤神针》

1995《旺角的天空》《欢乐时光》

1996《冲锋队：怒火街头》《少年15/16时》（后者为监制）

1998《我是谁》

1999《特警新人类》

2000《特警新人类2》

2001《愿望树》(监制)、《贱精先生》(监制)

2003《双雄》

2004《新警察故事》

2005《三岔口》

2006《宝贝计划》

2007《男儿本色》

2008《保持通话》

2010《全城戒备》

2011《新少林寺》

2013《扫毒》

2015《五个小孩的校长》(监制)

2016《危城》

2017《喵星人》

2020《怒火·重案》

58 书名

首先要谢谢沈诗棋女士介绍芦苇女士和我认识！

这位对接人芦小姐很亲切，也没想到她对我的作品都有一定程度的认识。

我是口述，找来一位编剧林敏怡女士帮我笔录。

开笔的第一天我便在想书名，想想就想到"把悲伤留给电影"，为什么？

《把悲伤留给自己》这首歌对我有一个深层意义，歌固然是好（每次唱K喝醉了必唱☺），但也代表了我内心的怀念，一个我在台北念初中时结拜的妹妹，外号"小青蛙"，我们感情比有血缘的家人还要亲。但一切都变成苦涩的回忆，因为她在三十二岁时了结自己的生命……

其实我当年为什么那么想进入电影圈，构思这本书的时候，回想了一想，年少时为逃避家庭及父亲，入行后便拼命往上爬，也是想证实给我父亲看，我没错，我还能做出小小的成绩！但当在电影行业一切进入佳境时，父亲却在那时去世了。

我今天再回顾自己大部分的作品，都离不开父子及家庭的内容，《我老婆唔系人》《情人知己》《青年干探》《紫雨风暴》《童梦奇缘》《特务迷城》《十月围城》及《征途》……

当然拍自己熟悉的情感更为手到拿来，更容易令观众投入。但每次看完成片时总是有一丝失落及无奈。

我借着此书向大家再提提那句老话"子欲养而亲不在",能孝顺就多孝顺一点,千万别像我!

只能……**把悲伤留给电影!**

每一部电影都是我的第一部电影

每一部电影也是我最后一部电影

后记　　　　　　　　　　　展望未来

　　这一生我除了拍戏而其中一些作品让大家认同及获得一些奖项以外，能协助成立了"榕光社长者服务中心"及"慈善安老院"应该是另外一件最开心的事！

　　我展望有生之年除了继续拍一些能表达心中关于"爱"的电影，还发愿能在香港建立一所"文化及艺能界的慈善养老院"，让所有年长而无依无靠单身的演艺界人士入住。

　　所谓取之于民用于民！

　　我承诺我未来所有的作品必须充满正能量，让观众离开戏院的那一刻，心情是开朗的，且更会相信——

　　明天是有希望的！

　　当你阅读完我的自传，望能启发你对你周边的弱势社群更加关照及伸出更多的援手。

继续拍摄阳光正能量的电影直到情怀已尽！
工作之余继续为弱势社群争取更多的福利！
自问我不是个坏人就别做对不起自己的事！
在此祝福大家
身体安康、家宅平安、百毒不侵

参与过的电影

1980	场记	《仔宝闯八关》
	副导演	《扮嘢小子》
1981	副导演	《边缘人》
	副导演	《天真有牙》
1982	编剧	《鲨鱼烧卖》
	副导演	《细圈仔》
1983	制片	《盟》
	副导演	《星际钝胎》(没有完成)
	副导演	《狂情》
	副导演	《耷时出世》
1984—1985	回归亚视做故事人	
1986	副导演	《鬼马朱唇》(没有完成)
1987	副导演	《卫斯理传奇》
1988	副导演	《铁甲无敌玛利亚》
	选角	《Bloodspot》(西片)
1989	选角	《龙在中国》(西片)
	策划	《缘份游戏》
1990	副导演	《倩女幽魂 II 人间道》(没有完成)
1991	导演	《我老婆唔系人》
1992	执行导演	《神算》
1993	导演	《情人知己》
	编剧	《重案组》

1994	监制/导演	《青年干探》
	导演	《晚9朝5》
1995	策划	《烈火战车》
1996	原创故事	《三个受伤的警察》
	特效导演	《嫲嫲·帆帆》
	编剧/策划	《黑侠》
1997	导演	《神偷谍影》
1999	导演	《紫雨风暴》
2001	导演	《特务迷城》
2002	监制	《台北晚9朝5》
2003	监制	《寻找周杰伦》
2005	监制/导演	《童梦奇缘》
2006	监制	《鬼计》
2007	监制	《三不管》
2009	导演	《十月围城》
2014	导演	《一个人的武林》
2020	导演	《征途》

图书在版编目（CIP）数据

把悲伤留给电影 / 陈德森口述；林敏怡笔录. --
上海：上海三联书店，2022.12
ISBN 978-7-5426-7922-2

Ⅰ. ①把… Ⅱ. ①陈… ②林… Ⅲ. ①陈德森 – 自传
Ⅳ. ① K825.78

中国版本图书馆 CIP 数据核字 (2022) 第 210509 号

Copyright © 2023 POST WAVE PUBLISHING CONSULTING (Beijing) Co., Ltd
All rights reserved.
本书中文简体版权归属于后浪出版咨询(北京)有限责任公司。

把悲伤留给电影

陈德森　口述
林敏怡　笔录

责任编辑 / 宋寅悦　徐心童	选题策划 / 后浪出版公司
出版统筹 / 吴兴元	编辑统筹 / 陈草心
特约编辑 / 梁　媛　区杏芝	装帧制造 / 墨白空间·张　萌
内文制作 / 郭爱萍	责任校对 / 张大伟
责任印制 / 姚　军	

出版发行 / 上海三联书店
　　　　　（200030）上海市漕溪北路 331 号 A 座 6 楼
邮购电话 / 021-22895540
印　　刷 / 天津图文方嘉印刷有限公司
版　　次 / 2023 年 3 月第 1 版
印　　次 / 2023 年 3 月第 1 次印刷
开　　本 / 889mm × 1194mm　1/32
字　　数 / 175 千字　　　　　　　　印　张 / 7.25
书　　号 / ISBN 978-7-5426-7922-2/K · 690　定　价 / 68.00 元

后浪出版咨询(北京)有限责任公司版权所有，侵权必究
投诉信箱：copyright@hinabook.com　fawu@hinabook.com
未经许可，不得以任何方式复制或者抄袭本书部分或全部内容
本书若有印、装质量问题，请与本公司联系调换，电话 010-64072833